生活不安定層のニーズと支援

シングル・ペアレント、単身女性、非正規就業者の実態

西村幸満
NISHIMURA Yukimitsu

勁草書房

はじめに

　1990年代の後半以降，日本社会は，生活不安への懸念を払拭できずにいる。それは，過去に経験した好景気による成功体験と，その後に明らかにされた社会・経済的格差の広がりとのあいだで，現在，安心を実感できる機会が少ないことにある。日常でわれわれが触れるのはネガティブな情報ばかりで，それは現在だけでなく，将来に対する不安を引き起こしている。

　生活安定とはことなり，生活不安を引き起こす要因は多様で複雑，そして重層的になる。本書は，近年，社会に「見える」ようになったいくつかの生活不安について，調査に基づいた分析をおこない，すでに動き出している支援のあり方について踏み込んだ検討をおこなう。

　本書がとりあげる分析対象は，男性の高齢単身者，シングルマザー，働く女性単身者，そして就職氷河期世代である。社会福祉の分野では，生活の不安定化は，ライフコースにおける貧困リスクの高まり期（子ども時代，子ども養育期の大人，引退期の3回）に顕在化しやすいことがわかっている。分析対象者の一部もこのリスクの高まり期の真っただ中にいる。就職氷河期世代は，新卒時もその後も良好な雇用機会を得られないまま，年齢的には，子育て期に入っている。

　「男性稼ぎ主」モデルがうまく機能しなくなってきたことが，これらの問題が「見える」ようになったひとつの理由である。このモデルは，男性が仕事に専念し，女性が家事育児に専念するという家庭内の分業体制であり，この役割分業によって子育て期の不安定化に対処した。育児の外部化が難しい時代には，祖父母や親族，きょうだいとの同居などによっても育児によるリスクに対処してきたが，そのような家族機能はまれになりつつある。

　1991年に制定された育児休業，介護休業等育児又は家族介護を行う労働者の福祉に関する法律などにより，職業生活と家庭生活の両立をはかることの指

針が提示されるようになっている。けれども，子どもの養育期の大人は，育児が女性の就業を抑制・中断することを求めることと，この時期に生じやすい離（死）別により，育児と仕事の両立が困難になることで生活の不安定化のリスクが高くなっている。共働き世帯の増加により，母親の就業と待機児童問題は，現代的な課題となっている。

　女性の社会進出の拡大と単身者・単独世帯の増加は，「男性稼ぎ主」を標準とする一般世帯を想定して作り上げられた社会制度が実際の社会ニーズに対処できない事態を生じている。端的に言えば，家族・地域による支え合いのあり様が弱体化して，公的な制度による支援への期待が高まっているということになる。

　戦後の経済成長とともに形作られたシステムが，機能を発揮できないことも要因のひとつである。就職氷河期世代は，10 年近く続いた新規学卒者採用の低迷により，職業キャリアの最初で躓いてしまい，その後日本の社会システムのなかで挽回できず，さらに子育て期に入るなど，不安定な状態にある。

　本書は，すでに社会で顕在化している生活の不安定リスクの高い層を対象として，調査に基づいてその実態の解明と支援のあり方について事実の提示をおこなうことで，地域における生活支援の担い手の後押しをしようとするものである。

　読者のなかには，本書の分析対象として生活保護受給世帯のことが頭に浮かぶかもしれないが，本書の対象に含まれるのは，生活困窮者自立支援法あるいは生活保護受給者の自立支援プログラムの自立・就労支援策に参加する者である。プロフィールとして生活保護を受給している者が含まれるのであるが，生活保護受給者全体を対象とはしていない。

　本書は以下のような構成で，日本社会の不安定層の支援ニーズについてアプローチをする。まず，二部構成の第 I 部では，生活保障という概念を使って，日本社会の推移と転換について，既存のデータや研究を整理している。

　第 1 章では，生活保障という視点から，日本社会の現状を捉える枠組みについて整理した。近年，日本では生活保障が脅かされているとする指摘が多い。この生活保障を支える基盤のとらえ方には大きく 2 つある。これらは起点がこ

となるが，不思議なことにそのことを指摘するものはなかった。ひとつは，自助・共助・公助である。もうひとつは，社会保障と個人・企業保障である。

　第2章は，生活保障を下支えしてきた，雇用と家族の推移を長期的にあとづける。われわれの生活が地域から都市へ，第一次産業や自営業から雇用システムに移行し，雇用社会は，1990年代の前半にピークを迎えたことを確認する。そして，バブル崩壊前後から，雇用の二極化が進行していることも確認する。さらに，家族構成の変化についてもデータで確認をおこなう。雇用と家族の組み合わせは，日本の生活保障にとって重要な要因であるが，その変化によって生活保障が脅かされている。

　第3章は，2000年以降の生活支援の在り方の推移を整理し，生活保障において公的支援の役割が重要性を増すなか，さらに中央から地方へと支援の担い手が移行していることを示す。地域の生活支援の提供体制は，基礎自治体を中心に担われるようになった。それによって地方公務員の業務目標が大きく変貌している。公務員の削減傾向が長期化するなかで，地域の生活保障の担い手のはたす役割について，現状を整理しておきたい。

　第Ⅰ部の最後の第4章では，この本で使用するデータについて，社会調査法の観点から整理を行う。この30年の間，社会調査法は，量的調査と質的調査との拮抗のなかにあった。本来は，量的調査と質的調査は，リサーチ・クエスチョンの下に統御されるものであるはずであるが，現実にはそれぞれが専門分化している。本書では，地域の生活支援の実態解明と課題解決のために，量的・質的調査を有効に用いることを目指し，調査方法にいくつかの改善を加えている。

　第Ⅱ部である第5章から第8章は，生活困窮者自立支援窓口に支援を求めた高齢男性単身者（第5章），同様に窓口に支援を求めたシングルマザーと働く女性単身者（第6章），グループ・インタビューと窓口支援を求めた就職氷河期世代（第7章）の分析と，本書の支援ニーズに関する分析結果を整理した第8章で構成されている。

　第5章においては，高齢の男性単身者（60-69歳と70歳以上）とその予備軍である50-59歳の男性単身者の支援ニーズについて分析をおこなう。高齢の男

性単身者は，近年，孤立・孤独といった社会リスクの高い層として注目されている。高齢単身者というだけで，すなわち孤立しているというわけではないが，ここでは生活困窮者自立支援窓口に支援の相談に訪れた方に簡易な調査票を配布して，窓口の評価と支援ニーズについて確認している。先行研究を踏まえながら，この層への支援の方向性を検討する。

　第6章では，女性に注目して，女性のひとり親，単身の正規雇用者，単身の非正規雇用者を取り上げ，それぞれ固有の支援ニーズと共通するニーズを丁寧により分け，これらの層への支援の方向性を検討する。

　第7章は，政府の方針として3年間で集中して支援を実施することが決まった「就職氷河期世代」について，量的分析の結果を整理したうえで，グループ・インタビュー，また第5章と第6章同様に，生活困窮者自立支援窓口に相談に訪れた相談者の支援ニーズの分析をおこなう。政府の30万人正規化という目標に対して，この層のニーズは，はたして正規職に一本化しているのかを検討する。

　第8章では，生活保障という観点から，本書の成果を整理する。さまざまな理由からわれわれの生活の安定は揺さぶられてしまう。多くのリスクがすでに知識や情報として明らかになっているにもかかわらず，その準備ができていないためである。相談窓口に来る相談者の多くは，相談に来て初めて生活支援の制度について知ることになる。そして相談支援は，そこに来なければ，社会とのつながりが切れてしまう，あるいは切れてしまった相談者と社会との関係を結びなおす役割をはたしている。このように，課題となる支援ニーズを把握することで，今後の支援のあり方を問い直し続けることができることを示したい。

生活不安定層のニーズと支援
―シングル・ペアレント，単身女性，非正規就業者の実態―

目　次

はじめに

第Ⅰ部　生活保障と日本社会

第1章　生活保障の社会科学 …………………………………………… *3*

1. 社会的リスクと生活保障　*4*

　1.1　リスクの社会化　*4*

　1.2　生活保障の学際的系譜──自助・共助・公助　*5*

　1.3　生活保障の学際的系譜──社会保障・企業保障・個人保障　*9*

2. 生活保障の空白──雇用，家族，地域と社会保障　*12*

3. 生活保障と就労・非就労　*14*

第2章　生活保障としての働き方と家族の変化 ……………… *19*

1. 雇用社会の成立と生活保障　*19*

　1.1　雇用社会の成立と自営　*19*

　1.2　非正規雇用の増大と雇用の二極化　*23*

2. 良好な雇用機会と企業の福利厚生の拡大と縮小　*26*

　2.1　企業の福利厚生の機能　*26*

　2.2　福利厚生の変遷　*27*

3. 家族の変化　*30*

　3.1　高齢化・単独化と3世代同居　*31*

　3.2　専業主婦世帯の推移　*35*

　3.3　未婚，母子・父子世帯の増加　*37*

第3章　生活支援の動き ………………………………………………… 41
　　　　―地方自治体を中心とする生活支援提供体制の可能性―
　1. ナショナル・ミニマムから地域へ　*41*
　2. 地域福祉の主流化　*43*
　3. 地域における生活支援の提供体制の構築――自立の多元化と自助の拡大　*47*
　4. 生活困窮者自立支援制度と支援体制のタイプ　*49*
　　4.1　生活困窮者自立支援制度の概要　*50*
　　4.2　相談窓口のあり方と課題　*52*
　　4.3　相談窓口と支援体制とその担い手の問題　*55*

第4章　狭間へのアプローチ ……………………………………………… *59*
　　　　―政策研究としての質的調査の課題―
　1. 質的調査から量的調査へ　*59*
　2. 日本における調査の特徴　*60*
　3. 調査を取り巻く新たな問題とエビデンスに基づく
　　 政策研究（EBPM）　*62*
　　3.1　EBPM と社会調査　*63*
　4. 政策研究志向と社会調査　*65*
　　4.1　生活困窮者支援窓口調査　*66*
　　4.2　就職氷河期世代の支援ニーズ調査　*68*

第Ⅱ部　さまざまな支援ニーズの分析

第5章　高齢男性単身者の生活と生活不安と課題 ……………………… *75*
　1. 高齢男性単身者の支援ニーズ　*75*
　2. 単身化（単独世帯化）と高齢化の複合問題と支援　*76*
　3. 相談窓口の利用者の評価　*79*

　3.1　自由記述の整理と分析軸の設定　*80*

　3.2　高齢男性単身者の評価　*81*

　3.3　50歳代の男性単身者の評価　*87*

4.　高齢相談者への対応と限界　*94*

第6章　女性のひとり親，単身女性の生活不安と支援の限界 ················ *97*

1.　問題の所在　*97*

2.　女性のひとり親（シングル・マザー）と女性単身者　*98*

3.　相談窓口の利用者の評価　*100*

　3.1　シングル・マザーの評価　*101*

　3.2　正規女性単身者の評価　*104*

　3.3　非正規女性単身者の評価　*108*

4.　整理と結論　*114*

第7章　就職氷河期世代の生活と生活の向上 ················ *117*
　　　　—支援ニーズから—

1.　長期化したリスク層　*117*

　1.1　就職氷河期世代とは　*118*

　1.2　就職氷河期世代のプロフィール　*120*

　1.3　就職氷河期世代への支援策　*122*

2.　分析　*123*

　2.1　分析の結果①——フォーカス・グループ・インタビュー　*123*

　2.2　分析結果②——相談窓口調査（調査1）　*127*

　2.3　就職氷河期世代（男性）の評価　*128*

　2.4　就職氷河期世代（女性）の評価　*131*

3.　就職氷河期世代の支援　*135*

第8章　相談窓口支援の今後 ……………………………………………… *137*

　1.　生活保障アプローチ　　*137*

　2.　支援ニーズの整理と考察　　*138*

　　2.1　新たな支援ニーズ　　*139*

　　2.2　支援制度の周知と人材育成　　*141*

　3.　本書の課題　*142*

資　　料 …………………………………………………………………… *146*

参考文献 …………………………………………………………………… *149*

おわりに …………………………………………………………………… *159*

人名索引 …………………………………………………………………… *161*

事項索引 …………………………………………………………………… *163*

初出一覧 …………………………………………………………………… *166*

第Ⅰ部　生活保障と日本社会

第1章

生活保障の社会科学

　はじめにこの本であつかう生活保障について整理しておこう。日常的に用いられる生活保障という言葉によって，われわれの生活のどのような側面が切り取られるのか。社会的なリスクから生活をまもり，安定した生活を送るためには，どのようなことに配慮することが必要なのか。生活保障が既存の制度・慣習とどのような位置関係にあるのかを明らかにしたい。

　このことによって，本書の後半において主張する基本的立ち位置が明確になるのと同時に，社会保障に対して既存の社会科学がどのようにアプローチしてきたかを確認する作業も担っていることを示すことになる。

　本章の後半と，つづく第2章と第3章では，生活保障を構成する下位システムの変化について先行研究・諸制度の整理と統計データで示すことにしよう。第2章では働くことと職場・家族，第3章では地域と公的な制度の変遷を取り上げる。雇用関係に関しては，1990年代後半までとそれ以降の変化に注視しながら確認をおこなう。

　なお，本書の分析は新たな社会問題の発見よりも，すでに社会問題化して「見える化」している問題に生活保障の観点からアプローチするという方法をとっている。

　生活保障の基盤が変化したことにより，生活における社会的リスクを抱えた層が，生活の安定に向けてどのような支援ニーズをもつのかは重要な情報であり，生活の安定の要因へとつながる可能性を検討する。

1. 社会的リスクと生活保障

1.1 リスクの社会化

　生活の安定は，常に保障されているわけではない。生活には常に社会的なリスクが伴い，社会の歴史はそのリスクに対峙しつづけた歴史でもある。

　イギリスのベヴァリッジが，第二次世界大戦前後に，「5つの悪」と呼んだ，「窮乏（want）」，「疾病（disease）」，「無知（ignorance）」，「不潔（squalor）」，そして「怠惰（idleness）」に対して，国家は，それぞれの実情に応じてその対抗策を講じていったことで知られている。

　ベヴァリッジの試みは，第二次世界大戦後の先進国のあり方に大きな影響をあたえていった。このようなムーブメントを福祉国家論といい，戦後の生活保障はこのような仕組みのなかで担保されることが目指されてきた。

　日本では，「老齢」，「疾病」，「障害」，「失業」の4つを社会的リスク（要保障要件という）とし，社会保障制度[1]がこれに対処し，最低限の生活を保障してきている（菊池 2019）。しかし，現金・現物・サービスの給付による支援は，財政上の問題が解決されないまま長期化し，近年の支援のあり方は，地域の相談支援の拡充へと移行しつつある（第3章）。

　日本社会は，1990年代前半に経済システムの大きな転換点を迎えた。バブルと呼ばれた景気の上昇期が，一転後退期に入ったのである。地価・住宅価格の下落から始まり，企業の業績は悪化した。生活保障は大きな打撃を受けたのである。

　銀行を中心とした金融機関の債権が回収困難に陥り，大手金融機関の経営破たんも生じた。日本の「良好な雇用機会」を提供していた大企業は，オイルショック以来の雇用抑制を始め，それは10年ほど続くこととなった。これほど不況が長期にわたってつづいたのは戦後初めてのことである。そこで本章では

---

1 ）白瀬（2018）によれば，「日本の社会保障制度は，5つの社会保険（年金保険，医療保険，雇用保険，労働者災害補償保険，介護保険），生活保護，社会福祉サービス，児童手当からなるというのが一般的な理解」（p. 33）であるという。

可能な限り 1990 年代の半ばを起点として生活保障の変化を捉えることにした。

　第7章であつかう，就職氷河期世代は，このバブルの崩壊以降長期間にわたり良好な雇用機会を得られず生活に社会的リスクを抱えている層であり，この層に対して 30 万人の正規雇用化に向けた対策が 2020 年以降 3 年間の期限付きで開始されることになっている[2]。

　われわれの生活は，大別して，ライフサイクルに付随する避けられない社会的リスクと，そのときどきに生じる負のショックによっても生活不安にさらされている。2020 年は，新型コロナウィルス感染症により，世界的に社会的リスクにさらされることとなった。われわれの今の生活保障は脅かされ，新しい生活様式など対策がとられつつあるが，ワクチンの開発を含めて，生活の安定に向けてはまだ試行錯誤が続いている段階である。

　社会は社会的リスクの内容を明らかにし，原因の解明とその対策を講じて，社会的リスク発生・再発の抑制と社会的リスクの排除を目指す。リスクの社会化あるいはリスクの見える化といった手続きで，社会問題として提起し，社会的リスクを周知すると同時に適切な対処を目指すことが生活保障の目的である。

1.2　生活保障の学際的系譜——自助・共助・公助

　生活保障は，社会的リスクにさまざまな手立てを講じることで，生活を守ること意味する[3]。この言葉は，日常的にもよく用いられているため，また生活という漠然としたものを保障する広い意味で用いられているため，これまで整理して使われてこなかった。

　しかし，この言葉は，社会科学ではどの学問体系においても共通して用いられている用語であり，特定の対象者ではなく，その特質として日本に居住するすべての人を包括することができる。学際性を特徴とする社会科学が調査研究

2）内閣官房（2019）「就職氷河期世代支援に関する行動計画 2019」p. 18（12 月 23 日）https://www.cas.go.jp/jp/seisaku/shushoku_hyogaki_shien/keikau2019/pdf/191223honbun.pdf）
3）武川・佐藤（2000）は，生活保障と生活補償，生活保証を差別化して以下のように説明している。「『生活保障』とは『生活補償』とは異なって，生活リスクによる損害を最小限にとどめるための事前の準備ということになる。また，そこでなされる準備は，あくまでも蓋然的なものであって，「生活保証のような 100％ の確からしさというものはない」（p. 3）と整理する。

の対象とするに相応しい研究領域といっていいだろう。

　はじめに，生活保障が，社会科学の学問領域でどのように位置づけられているかを概観しておこう。あらかじめ，生活保障を支える下位概念について，整理したものが図表1-1である。

　これまで生活保障は，2つの下位システムから説明されてきた。ひとつは，自助・共助・公助である。もう一つは，個人保障・企業保障・社会保障である。自助・共助・公助という構成で生活保障を維持するとする整理のしかたは，個人の経済的活動，家族制度，国－地方自治体による諸制度の機能と役割に注目している。

　社会保障制度改革国民会議（2013, p. 2）の報告書によれば，自助とは，「自らが働いて自らの生活を支え，自らの健康は自ら維持する」ことであり，共助は「高齢や疾病・介護を始めとする生活上のリスクに対しては，社会連帯の精神に基づき，共同してリスクに備える仕組み」，公助は「自助や共助では対応できない困窮などの状況については，受給要件を定めた上で必要な生活保障をおこなう公的扶助や社会福祉など」と定義される。

　この下位システムではまず自助が出発点として位置づけられている。働くことで自らの生活を維持し，健康にも気をつけて生活をすれば，5つの悪のうち，少なくとも怠惰，窮乏，不潔の3つを回避することが可能である。自助と共助の関係は，自助では対処できない社会的リスクから生活を守るための補完的な役割である。すなわち，共助は自助を前提に位置づけられていることがわかる。共助は健康保険と年金制度などに対応している。そして，公助は，明確に「自助や共助では対応できない」社会的リスクに対処するものと位置づけられる。

　社会保障制度改革国民会議（2013）では，国民皆保険・皆年金制度は，社会保険方式を採用した，「自助を共同化した仕組み」（p. 2）として共助に含まれ，この定義が，1950年の社会保障制度審議会の勧告にまで遡ることが確認されている。

　現代に生きるわれわれは，その生活を安定的に送るために日々情報の更新をしている。よりよい選択により，われわれはさまざまな生活上のリスクに容易に対処することができるようになる。情報更新に滞りを生じ，その選択を誤っ

図表1-1　生活保障を支える下位システム群

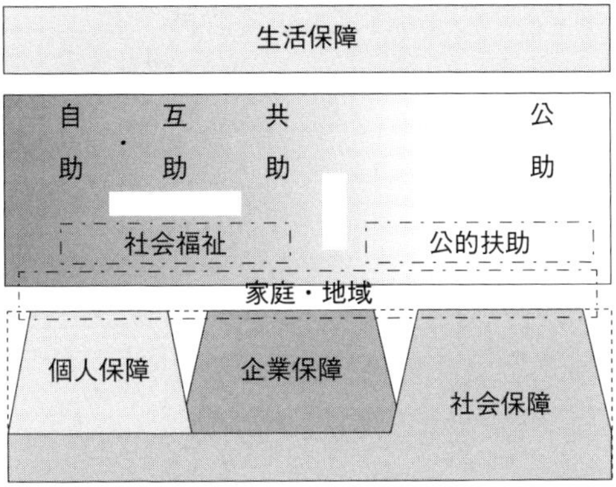

白の部分：空白

てしまうと，安定的な生活を続けることができないばかりか，自分以外の助け
が必要になることもある。このような繰り返しは，ふだんわれわれが働いてい
るときであっても頻繁に生じる。

　日々の生活は，多くの社会的リスクと隣り合わせにあり，よい選択ができる
ようにそなえていても，あるいは，まじめに働いているだけでは対処できない
ことも多い。たとえば，社会福祉の領域では，人生には3回の貧困リスク（子
ども期，子ども養育期の大人，引退期）があることが一つの通説となっている。
生活の中には，個人の力だけでは回避できないリスクが存在している（岩田
2016）。

　自助とは，このような社会的リスクにさらされながらも，個々人が社会経済
的活動を継続しつづける営みであるといっていいだろう。それゆえに，その典
型が，働くことであると位置づけられる。

　このような位置づけは，支援をするとかしないとかという判断基準が求めら
れるときに問われることが多い。社会は，社会的リスクに陥って自助が困難に
なった理由が個人の瑕疵によるものなのか，個人ではどうしようもない外的な
要因によるものなのか，これらを今後の課題とするためにである。

　われわれの社会生活では，ひとたび生活が困難になると，その責任が個人に

結びつけられて，非難されることがある。個人の選択の結果で生活に困難にな
ろうとも，また偶然生活困難に陥ろうとも，社会が社会的リスクにより困難に
陥った人々を支援をすることに変わりはない。社会は個人の選択を理由に自己
責任を問うのではなく，あくまで解決に向けた手続きとして峻別するのである。
誰かが生活困難に陥ったのであれば，個々人の瑕疵を超えて，他の選択肢がな
かったのかを問い，社会にその選択肢が用意されていなければ，社会はその準
備をしていくことが望ましい。生活保障はこうした考え方に基づいている。

　生活困難に陥ると個人の責を問うことが日本に多いのには理由がある。それ
は自助を基本とするこの枠組みとも密接に関わりがある。日本においては，こ
の自助という概念は非常に生活に馴染みやすい歴史的な経緯がある。

　自助という概念は，成功した 300 人以上の事例から，その思想にまでさかの
ぼって，勤勉努力との関係を示した，イギリスのサミュエル・スマイルズの著
作である『Self-Help』から広く知られるようになった。

　この本は 1871（明治 4）年に『西国立志編』，あるいはその後に『自助論』
としてくり返し翻訳刊行されている。序文の「天は自ら助くる者を助く」はと
くに著名なフレーズである。その内容は，当時身分を失った旧士族の子弟を中
心に，また現代においても，成功・立身出世を望む多くの若者に影響を与えて
いる（竹内 1991, 広田 1997, Kinmonth 1982=1995）。

　自助を優先する考え方は，明治以降，普遍的な考え方として日本に定着して
おり，この事実は，自助が，岩田（2016b）の指摘するような，「強い個人」を
想定した人間観へと繋がっていく。自助が成功に基づいて定義づけられるから
だ。そして「強い個人」を仮定すると，一部の経済学と基本的な考え方に親和
性が高いことが明らかになる。

　たとえば，重川（2020, pp. 72-73）は，採算性と公共性の 2 つを軸に活動主体
である自助・共助・公助を配置している。公共性が低い自助を，採算性が低い
個人と家族（家族は一部共助に配置）と，採算性が高い企業（商品）とに分けて
配置する。公共性が高い公助には，採算性を問わない行政と良好な雇用機会を
提供する一部の企業（福利厚生の充実した企業）を配置する。共助には，採算性
が高い方から協同組合・NPO・NGO，住民参加型互助組織，ボランティア，

採算性が低いものに，家族の一部，近隣，地域が配置され，採算性を問わない
ものに一部の企業（福利厚生）を配置して整理している。こうした理解は，経
済学者にとって「強い個人」を前提としても生じるリスクにどう対処するかと
いう説明（補完性の原理）と合致する。

　重川の概念整理は，似田貝（1989）による共的領域の担い手概念を発展した
ものである。似田貝は，私的領域と公的領域に活動主体を類型化したときに，
その間にある共的領域をどう位置づけるかを問うている。1960年代には，共
的領域の担い手であった家族・地域が，高度経済成長期に縮小し，行政と民間
の比重が高まり，80年代になると家族・地域の縮小がさらに進んだことを示す。
そのうえ，この期間に民間が手を引き行政は公共サービスに移行したために，
共的領域を担う供給主体がなくなり，「すき間」が生じたと指摘する（pp. 92-
93）。

　生活保障に関わる自助・共助・公助との関係を整理して概念化すると，共的
領域に空白が生じる可能性への懸念が常にあることがわかる。この関係は，支
え合う主体間の関係を示すことができるが，家族の位置づけをどうするのかと
いう問題も新たに生じるようになった。近年は，こうした批判に対して，互助
を新たに概念定義して整理しなおしている。政策や企業の福利厚生の変化に対
応して，共助と公助の関係を明確に区分することが難しいことがわかる[4]。

1.3　生活保障の学際的系譜——社会保障・企業保障・個人保障

　1.2と同じ手法として，生活保障を支える下位システムとして，個人保障・
企業保障・社会保障を使用することもある。この枠組みは，歴史的には社会的
リスクへの対処を社会保障によって包摂する手続きとして確認されてきた。自
助の補完原理によって共助・互助・公助が位置づけられるのに対して，社会保
障がどの程度まで社会的リスクを包摂することができるかを基準に個人保障と

4）たとえば，里見（2013）は，厚生労働白書において記述された自助・共助・互助の整理が，2000
　年版（p. 163）においては「『共助』が『家庭，地域社会』に対応し」，2008年版では，「共助＝社
　会保険」とする「特異な共助・公助論が成立した」（p. 2）と指摘する。本書では生活保障の下位
　システムとして担い手の概念を理解しており，自助と社会保障との関係を問わずに整理を行ってい
　る。

企業保障を規定する。主体間の関係が流動的であいまいな自助・共助・互助・公助に比べると，個人保障・企業保障・社会保障の枠組みは，とくに社会保障が給付の対象者を明確にしているという特徴がある。他方で，個人保障・企業保障は社会保障の代理機能をもつとはいえ，雇用と一体化して把握されることが多い。

この下位システムでは，生活を支える社会保障の機能が，社会保障の関連法制（とその元になる憲法）に規定されている。社会保障の役割をどう規定するかで個人・企業の役割は決まる。そのため，個人保障・企業保障は雇用先がもつ様々な勢力の影響を受けるため，社会経済的格差を生じやすい。たとえば，政府がすべての国民に対して最低限の生活をおくるのに必要な金額を定期的に支給するというベーシック・インカムを社会保障とすれば，個人保障・企業保障は，ベーシックな生活費用に上積みすることが可能となる。社会保障をどう設計するかによって，個人・企業の動向はかわるだろう。

現実には，日本の社会保障支出は国際的にも小さく，また主に人生の後半に集中し（宮本 2009），要保障要件に適うときに生活を保障するため（菊池 2019），現役時代の生活保障における個人・企業の役割は大きく，その多くをこの2つに負っている。

加藤（2001）は，社会保障法において，「社会保障制度の目的を生活保障とすることについて，ほとんど異論のない状況である」（加藤 2001, p. 23）と指摘する一方で，生活保障がもつ多義性ゆえに，目的自体があいまいになることを避けられないという。社会保障制度だけが，国民の生活を保障するものでもないが[5]，生活保障をどのように定義しても，社会保障は常にその目的を達成するのは非常に困難であろう。

また加藤は，生活保障の用法について精査して，「所得保障，医療保障あるいは雇用保障など社会保障制度の目的および機能を総称して用いる場合と，所得保障とほぼ同義として捉えられる場合とが存在する」（加藤 2001, p. 24）と指摘する。「前者の場合は，社会保障制度審議会および社会保障体系論における

5）「生活保障という言葉の安易な使用は社会保障制度の守備範囲を不明確にし，社会保障制度に対する政策課題の設定や法的考察を鈍らせる原因ともなると考える」（加藤 2001, p. 24）という。

用法であり，後者は年金受給者が死亡した場合の損害賠償をめぐる裁判例とその評釈に顕著である」（加藤 2001, p. 24）という。

　3者間の関係を理念的・固定的に整理する武川・佐藤（2000, pp. 4-6）は，生活リスクをヘッジするための手段として生活保障を定義する。そして下位システムの政府，企業，個人という3つの支え合いを概念化して生じる7つの主体間（Ⅰ 政府＋企業＋個人，Ⅱ 政府＋個人，Ⅲ 企業＋個人，Ⅳ 政府＋企業，Ⅴ 政府のみ，Ⅵ 個人のみ，Ⅶ 企業のみ）のかかわりを整理している。

　各主体単独のものとして，政府による「公費負担による社会保障など」（Ⅴ），企業による「退職，企業年金，福利厚生事業など」（Ⅶ），個人による「個人年金や個人の預貯金など」（Ⅵ）を指摘する。

　また各主体間が連携したものとして，政府・企業による「労働者災害補償保険など」（Ⅳ），政府−個人による「自営業者が加入する社会保障など」（Ⅱ），企業・個人による「従業員も拠出する企業年金など」（Ⅲ），そして政府・企業・個人の連携として「年金や医療など被用者が加入する社会保険」（Ⅰ）を提示する。

　社会保障が法的に明確に定義づけられると，ミニマムな社会保障と企業や個人の役割が必然的に明確になるが，カバーできない部分も生じる。また企業における法定外福利や個人における家族の役割の格差が生活保障に反映されるようになる。

　大沢（2007）は，さまざまな社会的リスクから，知識・経験などに基づいて集合的に生活を守ることを生活保障といい，税制，社会サービス，雇用政策と労働市場規制までを含めたものを，生活保障システムと呼ぶ。大沢は，この生活保障システムの中核として「男性稼ぎ主モデル」という就業と家族機能を組み合わせた夫婦分業体制をおき，生活保障においてジェンダー間の格差が維持され続けていることを指摘する。

　宮本（2009）は，生活保障について，「人々の生活が成り立つためには，1人ひとりが働き続けることができて，また，何らかのやむを得ぬ事情で働けなくなったときに，所得が保障され，あるいは再び働くことができるような支援を受けられる」（ⅳ）という条件を指摘し，実現するためには，雇用と社会保障

をうまくかみあわせることだという。これは，生活保障と所得保障と同義とする整理方法で自助と社会保障を位置づけようとするものである。

　宮本は日本の生活保障の特徴として，社会保障への支出が国際比較の観点から小さいこと，雇用の実質的な保障代替によって 2000 年前後まで相対的に格差が抑制されていたことを指摘している（2009, pp. 40-41）。その結果，「現役時代の生活保障が雇用と家族に委ねられたゆえに，相対的に小さな社会保障支出は，会社に頼れなくなり家族の力も弱まる人生後半にシフトした」（p. 42）という。

　宮本（2009）と大沢（2007）は，社会保障の役割が，菊池（2019）の指摘する生存権の保障といった最低限の役割として規定されてきたために，とくに戦後の生活保障が雇用と家族が弱体化する高齢期に社会保障の役割は期待されてきたことを共有している。現代的な課題は，現役時代においても雇用と家族の機能が弱体化しはじめていることにどう対処していくかである。

　生活保障は，社会保障制度という公的な支援の制度化のプロセスにおいて，企業と個人がはたす役割が変動するように，その制度の対象者の線引きという排除のメカニズムが生じる可能性を否定できない。制度はその実施過程で対象者を規定するため，包摂できない「制度の狭間」（猪飼 2015）を生じてしまうのである。

　自助・共助・互助・公助と個人保障・企業保障・社会保障という 2 つの枠組みは，生活保障の出発点を個人の自立におくか，あるいはすべての人にとって保障される最低生活に出発点をおくかの違いであるといえるともいえる。また 2 つの枠組みはしばしばクロスオーバーして用いられ，誤解を生じていることもみうけられる。

2. 生活保障の空白──雇用，家族，地域と社会保障

　このようにみると，生活保障を自助・互助・共助・公助という下位システムで把握しようとすると，自助と公助との間に支援の空白が生じやすく，個人保障・企業保障・社会保障では，社会保障の機能が小さいために，それぞれの主

体がカバーできない境界に空白が生じると考えられる（図表1-1）。

　生活保障を支える2つの下位システムの検討から，どちらにも支援の空白が生じる可能性が指摘されていることは興味深い[6]。自助・互助・共助・公助においては，自助を起点とする補完原理に基づくため，自助自体がもつ脆弱性が全体に波及することがある。また共助と公助による支援が不十分なときには，支援対象の外側になることもある。

　個人保障・企業保障・社会保障においては，社会保障が憲法の生存権をもとにした最低生活保障であり，制度としての社会保障はその適用対象をどの程度にするのかを規定することになる。個人保障と企業保障の機能は，この規定を起点とするため，国際的にみて支出の小さい日本の社会保障を補完し，また付加するため，個人間の格差を生じやすくなる。

　生活保障それ自体は，生活の安定を意味するものの，下位システムの諸制度の変動もあり，達成目標としてはあいまいな概念とならざるをえない。生活の安定を達成するために，社会は多様な支援の選択肢を用意することが必要であるが，下位システムのバランスを調整するためには，多様な学術研究のアプローチにより横断的に狭間やすき間を把握し，その問題点に対する対策を練る必要がある。

　生活保障の下位システムがもつ，「制度の狭間」と支援の「すき間」（以下，「空白」とする）の顕在化は，働き方と公的支援のあり方において，その中間的な補完機能にそもそも脆弱性が内包されていることを示している。生活保障が外部的な要因によって変動し，また下位システムの主体間の役割も国・自治体の制度変更，企業の方針転換，個々のライフスタイルの選択により可変性が担保されているため，すべての空白を埋めることは難しい。

　このような捉え方は，社会的排除と重なっている。社会的排除は貧困概念に代わる社会指標として登場したが，貧困概念が低所得など経済的な要因に限って社会参加から排除されているとしたのに対して，社会的排除は，生活を保障

6）岡村（1983）は，「序にかえて」において，社会保障と社会福祉の関係について，社会保障を「最低生活の経済的保障を目的とする」とし，社会福祉を「社会関係の主体的側面にかかわる社会的援助である」とする。これにより「社会関係の困難を生活困難として把握」することに社会福祉固有の意義を位置づける。

するさまざまな仕組みによってもなお消費・生産・政治参加・社会関係という4つの活動への参加ができずにいる状態を指している（Burchardt 2004）。

　本書では，このように支え合いの理念的なモデルと，それが実現した制度という，2つの枠組みがクロスオーバーする生活保障に着目して，主に社会保障と個人と国との間にある補完機能を中心に問題を整理していく。それはまだ制度が包摂していない（できていない）支援ニーズの探求が本書の目的であるためである。

3.　生活保障と就労・非就労

　よく知られているように，「国勢調査」で把握できる日本居住者の総人口は，2008年をピークに減少傾向にある。男性のピークは2007年，女性のピークは2010年であった。2008年のピーク時に男女計の人口は1億2,808万人，男性は6,242万人，女性は6,566万人であった。生活保障は日本に居住する人々を包括する概念のため，生活保障の基本的な手続きである働くことの規模を確認しよう。働くことは，手段としては普遍的なものであるので，人口に占める労働者の割合をデータで確認をしておこう。

　15歳以上の人口に占める労働力率は，男女計の場合，1950年の65.4％から1995年には63.9％，2015年には60.0％になっている（図表1-2）。1950-2015年間で比較すると，男女計の労働力率はおおむね6割台を推移しているが，労働力数は，3,674万人から6,152万人へと1.67倍になっている（図表1-3）。労働者は相当数増えているが，労働力化しない人数も増えていることになる。これらは主に近年社会問題化している人口の高齢化の影響である。65歳以上になると，年金受給生活が始まり，想定上の最低生活水準は満たされている。この期間内で男性の労働力率は83.5％から70.9％へ低下するが，女性の場合は48.7％から50.0％と変動は小さい（図表1-3）。同じ期間内の労働力数に関しては，男性の場合は，2,258万人から3,477万人と増えているが，1995年をピークに労働力数は減少傾向になっている。女性の労働力数は，1,417万人から2,675万人とほぼ一貫して多くなっている（図表1-2）。

図表 1-2　15 歳以上人口と労働力

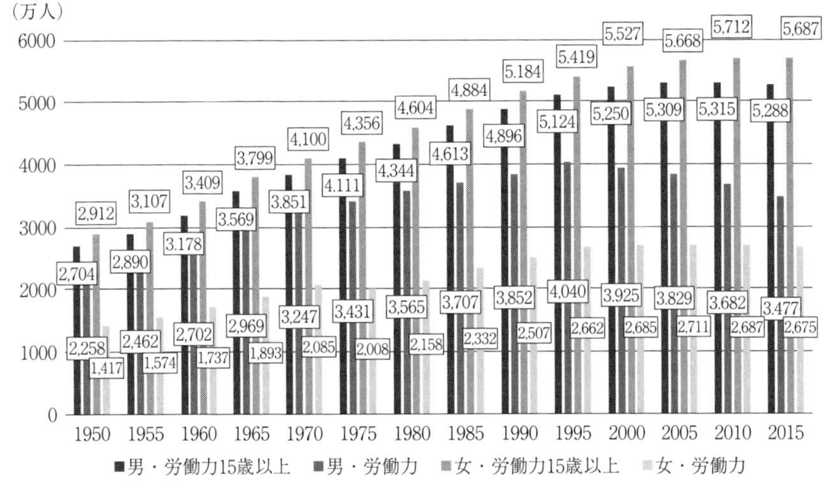

（万人）

出典：総務省「労働力調査」

　労働力数・率の推移をみると，戦後の日本では，労働力数が増加し，労働力率は安定的に推移しているということになる。生活保障の観点からすると，注目する点は，非労働力率の変化である。図表 1-4 をみると，男性の非労働力率が 1970 年以降，一貫して上昇傾向にあり，女性の非労働力率（もともと 40%から 50% の高い水準で推移しているが）は 1975 年以降ほぼ一貫して下降傾向にあることがわかる。

　非労働力とは，15 歳以上人口の労働力に含まれる就業者ではなく，失業者でもない層である。失業者は，ILO（国際労働機関）の定めた国際基準に準拠した，仕事に就いておらず，仕事があればすぐ就くことができる者で，仕事を探す活動をしていた者をさしている。非労働力には，潜在労働力人口[7]が含まれており，「就業者でも失業者でもない者のうち，仕事を探しているものの，

7）この潜在労働力人口には，拡張求職者と就業可能非求職者という類型があり，前者は，①就業していない，②1 か月以内に求職活動を行っている，③すぐではないが，2 週間以内に就業できる層をさす。後者は，①就業していない，②1 か月以内に求職活動を行っていない，③就業を希望している，④すぐに就業できる層をさしている。

図表 1-3　労働力率

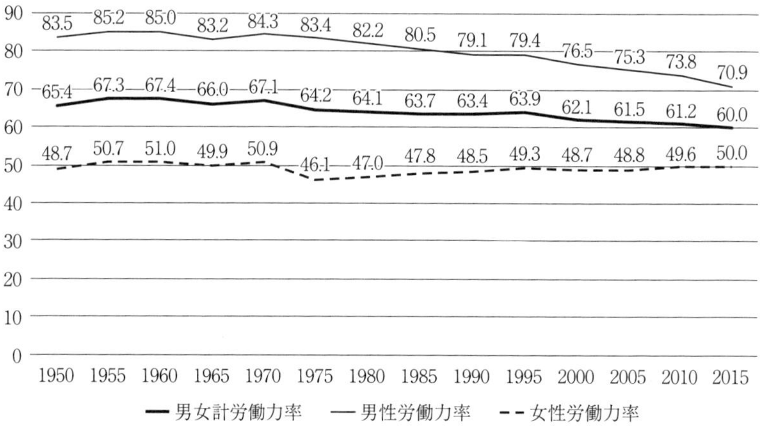

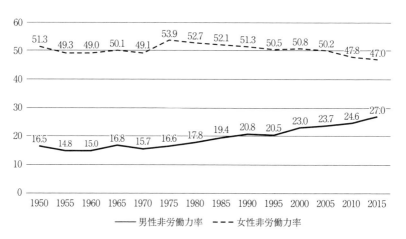

出典：総務省「労働力調査」より

図表 1-4　非労働力率

出典：総務省「労働力調査」より

すぐには働くことができない者や，働きたいけれども仕事を探していない者といった，潜在的に就業することが可能な者」と定義されている。

　もちろん，働きたくないものや，当然，働かなくていいものや高齢者もここには含まれている。現在もこれからも労働力不足が懸念され，定年延長に向けた議論が真剣になされている日本において，非労働力層から労働力層へとスムーズに移行する道筋をはっきりと見えるようにすることは選択肢を増やすことにつながる。行政がけん引する「一億総活躍社会の実現」に向けた方針は，潜在的な労働力を顕在化しようとする試みを含んでおり，この方向性からも非労働力層の労働力化への期待は大きい。

　非労働力層から労働力化することで，不安定な生活から生活保障を担保できるようになるのであれば，そのための道筋をつける必要がある。そしてそれは必ずしも「強い個人」に基づいて他者と競争・競合して勝ち取るような位置ではない。

　端的にいえば，多様な働き方であるが，そのひとつの例として，大企業において2020年4月からパートタイム・有期雇用労働法が施行されており，同一企業内における正規・非正規間の不合理な待遇差の解消を目指すことになっている[8]。非正規の待遇改善により生活保障が十分に担保できるようになることは望ましい。同一労働同一賃金に限らず，これまでの働き方の通念を覆す，公的生活支援の受給を継続しながら就労体験あるいは軽作業により賃金を受け取る「中間的就労」も登場している。リモートワークや時間概念にとらわれない働き方なども今後の課題である。

　第3章で詳細に検討を加えるが，近年，社会保障において自立概念が多様に捉えられていることも，重要な契機となっている。自立と自助はほぼ重なり合う概念であるため，自立の多様な把握は，社会参加のすそ野の広がりをみとめるものであり，それは参加しやすい社会・包摂する社会の実現を促すことになる。

8）中小企業では2021年4月より施行。労働者派遣法では2020年4月から施行されている。中小企業とは，小売・サービス業では資本金・出資総額5,000万円以下，卸売業1億円以下，製造業・建設業・運輸業・その他は3億円以下であり，労働者数では小売業50人以下，サービス業・卸売業100人以下，その他300人以下である。

　本書は，生活保障に向けた新しい社会参加のあり方を検討するために，前半部分では，近年の生活保障の推移について，統計データや支援制度について改めて確認をおこなった。そのうえで，すでに社会的不安定層にある生活困窮者からの声（Voice）に注目した調査を実施し，本書の後半部分ではその調査結果をもとに，社会参加・包摂のあり方を検討する。

第2章

生活保障としての働き方と家族の変化

　第2章では，生活保障を支える働き方と働くことを支える家族について整理しておきたい。働くことは自助の基本的な構成要素である。また働くことで個人保障・企業保障の機会を得ることができ，働き続けることは，同時に，健康維持に配慮しているともいえる。

　働き方には，大きく企業・会社（以下，便宜上「企業」とする）に雇用される方法（Employment）と，自営業（Self-Employment）の2つがある。戦後の日本では第1次産業や自営業から雇用が拡大することで生活の安定が生じ，社会保険方式に基づく社会保障とバランスをとって生活保障を支えてきた。

　この章では，雇用によって生じた支援の格差，そして近年の働き方の変化——とくに，非正規雇用の動向にも注目して整理をおこない，それらが生活保障に与える影響について検討をおこなう。

1. 雇用社会の成立と生活保障

1.1　雇用社会の成立と自営

　生活を成り立たせるためには，働くこととその対価を受け取ることが一つの型になっている。その働き方も，企業に雇用されて働くのか，それとも自らが経営者となり，1人であるいは労働者を雇用して働くなどの選択肢がある。戦後の日本では，雇用者として働くことを選択する者が拡大してきたことで知られている。

　戦後の日本社会における雇用への移動は，終戦直後の一時期を除くと，農村

から都市への人口移動─地域間移動に特徴づけられてきたことがわかっている。明治からつづくこのトレンドは，1970 年代前半に転換点を迎える（黒田 1976,石川 1978）。その後は，都市から地方への移動が拮抗した時期を含みつつも，近年はとくに東京一極集中の傾向をもつという（山口・松山 2015）。

　図表 2-1 は，この地域間移動を含んだ雇用社会への推移を「労働力調査」と「国勢調査」で確認したものである。「労働力調査」は，就業上の地位によって働き方を確認することができる統計であり，雇用者，自営業，家族従業者という 3 つの働き方からその推移を確認することができる。1960 年に労働者のなかに占める雇用者の割合は 53.4% に達し，1975 年から 1980 年の間にはその割合は 70% を超え，2019 年に雇用者の割合は 89.3% になっている。

　自営業は，1960 年には労働者の 5 人に 1 人である 22.7% を占めていたが，2019 年になるとわずか 7.9% にすぎない。家族従業者は政府統計では就業者として扱われているが，その実態は，家族が営む事業に低賃金で手伝いをする者や，雇用機会を求めて待機する潜在失業者も含まれている。戦後労働者の雇用者化は，自営業の減少だけでなく，家族従業者が雇用機会を得て働きはじめたことによっても進められてきたとみることができるだろう。

　雇用社会の成立は，農業などの生業・自営・家族従業者という働き方から，企業という組織労働への転換であり（西村 2009），組織規模による格差は生じたものの，生活安定化には寄与した。

　図表 2-1 は，雇用者がどのような産業分野に展開してきたのかその推移をみることができる。1960 年に第一次産業は，32.7% を占めていた。第一次産業に含まれる農業・林業・漁業は，働き方としては自営業・家族従業者と重なる。製造業では従業者数・割合は 1970 年まで拡大をしつづけ，その割合は 26.1% を占めピークを迎えた後ゆっくりと低下する。2015 年にはその割合は 16.2% になる。卸・小売業・飲食店は 1960 年の 15.8% から拡大し，1980 年代から 2015 年まで 20% 程度で推移していく。サービス業は 1985 年には 20% を超え，それ以降も一貫して拡大している。

　戦後日本の産業構造は，主要産業の拡大と縮小が短期間の間に生じ，入れ替わりが生じていることがわかる。第一次産業は 1960 年以降，製造業は 1970 年

図表 2-1　日本の雇用システムの推移

	1960 S35	1965 S40	1970 S45	1975 S50	1980 S55	1985 S60	1990 H2	1995 H7	2000 H12	2005 H17	2010 H22	2015 H27	2019 R1
男女計													
労働力調査													
雇用者	53.4	60.8	64.9	69.8	71.7	74.3	77.4	81.5	83.1	84.8	87.3	88.5	89.3
自営業	22.7	19.9	19.2	18.0	17.2	15.8	14.1	12.1	11.3	10.2	9.2	8.5	7.9
家族従業者	23.9	19.3	15.8	12.0	10.9	9.6	8.3	6.1	5.3	4.4	3.0	2.5	2.1
国勢調査													
第 1 次産業	32.7	24.7	19.3	13.9	10.9	9.3	7.2	6.0	5.1	4.8	4.2	4.0	−
製造業	21.7	24.4	26.1	24.9	23.7	23.9	23.7	21.1	19.4	17.3	16.1	16.2	−
卸・小売業，飲食店	15.8	17.8	19.3	21.4	22.8	22.9	22.4	22.8	22.7	22.4	20.6	19.8	−
サービス業	12.0	13.9	14.6	16.5	18.5	20.5	22.5	24.8	27.4	30.6	31.6	34.1	−
上記産業計	82.2	80.8	79.3	76.7	75.9	76.6	75.8	74.7	74.6	75.1	72.5	74.1	0.0
男性計													
労働力調査													
雇用者	62.1	68.8	71.5	75.8	77.1	78.9	80.8	83.7	84.3	85.0	86.7	87.4	88.0
自営業	27.4	23.4	22.4	20.1	19.4	17.9	16.3	14.3	13.8	13.0	12.0	11.3	10.6
家族従業者	10.5	7.8	6.0	3.9	3.3	2.8	2.5	1.8	1.7	1.5	0.9	0.8	0.8
国勢調査													
第 1 次産業	25.9	19.7	14.9	11.2	9.2	8.2	6.5	5.6	4.8	4.8	4.3	4.1	−
製造業	24.1	26.4	27.5	26.2	24.4	24.4	24.6	22.5	21.4	20.1	19.4	19.2	−
卸・小売業，飲食店	15.0	15.9	17.2	18.9	20.0	20.0	19.2	19.3	18.9	18.5	17.1	16.4	−
サービス業	10.1	11.8	12.1	13.4	15.0	16.8	18.7	20.3	22.1	24.3	26.3	28.4	−
上記産業計	75.1	73.8	71.7	69.7	68.6	69.4	69.0	67.7	67.2	67.7	67.1	68.1	0.0
女性計													
労働力調査													
雇用者	40.8	48.6	54.7	49.8	63.2	67.2	72.3	78.3	81.4	84.7	88.2	89.8	90.9
自営業	15.8	14.5	14.2	14.3	13.7	12.5	10.7	9.0	7.8	6.3	5.5	4.9	4.6
家族従業者	43.4	36.8	30.9	25.7	22.9	20.0	16.7	12.5	10.6	8.6	5.9	4.8	3.8
国勢調査													
第 1 次産業	43.2	32.5	26.1	18.4	13.7	11.0	8.2	6.6	5.5	4.9	3.7	3.4	−
製造業	18.1	21.5	23.9	22.8	22.7	23.2	22.5	19.1	16.5	13.5	11.7	11.0	−
卸・小売業，飲食店	17.2	20.8	22.5	25.6	27.3	27.5	27.3	28.1	28.3	27.9	25.2	24.0	−
サービス業	14.9	17.1	18.5	21.6	24.1	26.2	28.3	31.6	35.1	39.3	37.8	41.0	−
上記産業計	93.4	92.0	91.0	88.4	87.9	87.9	86.3	85.3	85.4	85.6	78.4	79.4	0.0

出典：総務省「国勢調査」，「労働調査」より
注：国勢調査の数値は旧産業分類に戻して算出している。

以降，そして卸・小売・飲食店は 1980-85 年以降低下傾向にある。近年の主要産業のトップは，もっとも遅く拡大を始めたサービス業になっている。サービス業の割合は，1960 年の 12.0% から 2015 年の 34.1% まで一貫して上昇傾向を示しており，現代の雇用の多くがこの産業に含まれている。

「国勢調査」によれば，戦前の 1940 年の日本では，農業・漁業・林業などの第一次産業の占める割合が 44.3% を占めており，その生活は生産機能と生活機能が一体化していた。現在までの雇用社会の推移は，農村から都市（そして東京）へ地域間移動，自営業から雇用への職業移動，そして第一次産業から第二次・第三次産業への移動という 3 つの移動を含んで進行した。同時に，これらの移動は，生活における生産機能と生活機能が分離していく過程であっということができる[1]。

このような変化を男女別にわけてみると，1960 年に男性の雇用者は 62.1% を占め，女性の雇用者は 40.8% を占めていた。男女の間には 20 ポイントほどの開きがあった。2019 年になると雇用者の割合はそれぞれ 88.0% と 90.9% となり雇用者の割合に性差はみられなくなっている。女性の雇用者は 1960 年の 40.8% から 2000 年の 81.4% に倍増している。統計のうえでは，女性の雇用者化は短期間に拡大したといえるだろう。

戦後すぐにまで遡ると，雇用の給源元である自営業と家族従業者はこの時期特有の特徴的な動きを示していたという。中村（1993）は，男性の雇用者の場合は，1950 年までは自営業を給源とし，その自営業の給源には，家族従業者であった二，三男の分家から自営業主への移動があったという。1955 年以降においては，農村から都市への大規模な人口流出と，そこに新たに労働力化した男女の若年者が企業に採用され，大量に雇用者化[2]したという（中村 1993, p. 296）。

雇用先の産業分布の推移を男女別にみると，男性の場合には，製造業と卸・

1）戦後からしばらくは，極端な低所得就業者が多数存在したことが知られており，その状態の改善は政策課題とされていたという。当時「潜在失業者」（のちに「不完全就業者」）と呼ばれ，「どんなに条件が悪くても就業できさえすればよしとしなければならなかった」（中村 1993, p. 295）という。当時の失業率の抑制に寄与した。この不完全就業者の一部は，家族従業者に含まれていた（中村 1993）。
2）中村（1993）によれば，この吸収先は，建設・製造業（重化学工業，なかでも機械工業）

小売業・飲食店においては 1960-2019 年間で安定しており（製造業で 24.1% から 19.2%，卸・小売業・飲食店で 15.0% から 16.4%），そのなかでサービス業の割合だけが 10.1% から 28.4% に拡大している。女性の場合には，1985 年に製造業のピーク（23.2%）を迎え，2015 年になるとその割合はピーク時の半分以下（11.0%）になった。卸・小売業・飲食店は 1995-2000 年の間に 28% 台でピークを迎え，一転減少傾向になる。サービス業は同じ期間内に一貫して割合を高め，1960 年の 14.9% から 2015 年の 41.0% に達している。

　日本社会の雇用者化が進むなか，男性は依然として製造業と卸・小売業・飲食店の割合を維持しており，女性は 1995 年以降に製造業と卸・小売業・飲食店の割合が低下し，近年は，男女ともにサービス業の割合を高めている。女性はとくにサービス業の比重が高くなっている。

1.2　非正規雇用の増大と雇用の二極化

　サービス産業の拡大と時期を同じくして拡大してきた，非正規雇用の動向についても確認をしておこう。生活保障にとって非正規雇用の増加—雇用の二極化という動向は，戦後に拡大・安定化した，自助・共助（互助）あるいは個人・企業保障の弱体化を示す指標である。非正規雇用は，家庭内分業においてとくに男性が担ってきた働く役割に，大きな変化を生じさせているのである。

　「労働力調査」によると，雇用者数は，1985 年の 3,999 万人から 2020 年の 5,661 万人に 41.5% ほど増えている（図表 2-2）。正規雇用者は 1985 年の 3,343 万人から 1997 年の 3,812 万人まで増えた後，2020 年現在で 3,508 万人となり，対 1985 年比で 4.9% の正規雇用者が増えたことになる。その一方で，非正規雇用者は，同じ 1985 年の 655 万人から年々増加し，2020 年現在で 2,153 万人となり，対 1985 年比でなんと 228.7% になっている。

　非正規増の寄与率は 89.9% になり，この間の雇用者数の増加分はほぼ非正規雇用による影響ということができる。2020 年現在において，雇用者 5,661 万人のうち，非正規雇用は 2,153 万人であり，雇用者全体の 38.0% を占めるまでに拡大している。非正規雇用は，1985 年の 655 万人（16.3%）から数・構成比ともに大きく拡大している。このことは，非正規雇用の増加分だけ生活保障が不

図表 2-2　雇用者・正規・非正規数の推移（男女計）

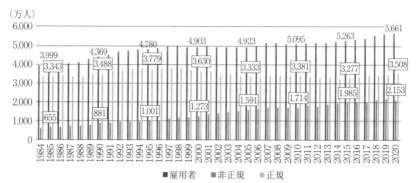

安定になる層が顕在化しやすくなっていることを示している。

役員を除く雇用者（男女計）に限ってみると，雇用者数（男女計）は1984年以降増えているが（3,936万人から5,661万人に1,725万人増），雇用増全体に占める正規雇用の寄与率は10%程度である。内訳は，男性の場合，1984-2020年の正規雇用数の増分は，2,348-2,335=13万人であり，雇用全体に対する男性正規雇用の寄与分は13/1,725万で0.7%である。女性正規雇用の増分は998-1,161=163万人で，163/1,725万となり，その寄与率は，9.4%であった。

男性非正規雇用の寄与率は，479/1,725万で27.8%，女性非正規雇用の寄与率は1,070/1,725=62.0%であった。この期間の雇用数の増加分の大部分が非正規によるものであるため，図表2-3の構成比の変化をみると，男女の正規割合は低下し，女性非正規割合は11.8%から26.1%に増え，男性非正規割合は4.7%から11.9%に推移している。

1995年を基準とすると，雇用者に占める非正規割合は21.0%から2020年の38%へ増大し，この間，正規割合は79.0%から62%に減少した。バブル経済による景気の上昇は雇用数を増大させた。その後現在まで雇用数は増加しつづけているが，比較的安定的な正規雇用はわずかしか増えておらず，大半は非正規の増大によるものであった。端的にみて，1985年以降，非正規雇用のような不安定雇用は倍増しているのである[3]。

図表 2-3　雇用者の構成

	1984	1990	1996	2000	2004	2010	2016	2020
女性正規	24.9	24.0	24.2	22.0	20.6	20.6	19.3	20.5
男性正規	58.7	55.8	54.8	52.1	47.1	45.8	42.9	41.5
女性非正規	11.8	14.8	15.6	19.0	22.1	23.5	25.6	26.1
男性非正規	4.7	5.4	5.4	6.9	10.2	10.2	12.1	11.9

■男性非正規　■女性非正規　■男性正規　　女性正規

出典：総務省「労働調査」より

　1990 年代の半ばあたりから，リスクに対して委縮した企業は，すでに働いている雇用者の削減よりも，中高年者と若年者の代替にすすみ，新規採用の抑制がおこなわれたという（玄田 2001, 原 2005, 周 2012 など）。太田（2010, 2016）は，この抑制が 1990 年代後半から 2000 年代まで続いたことを指摘する。とくに就職氷河期世代と呼ばれる 1993 年から 2005 年までに労働市場に登場した新規学卒者を直撃した。太田（2016）によれば，中小企業で新規採用は抑制され，また学歴の低い層にも負の影響を与えているという。

　大湾・佐藤（2017）は 2005-2015 年の 3 時点間の変化を賃金センサスで確認した結果，長期雇用については「大企業や大卒労働者を中心に長期雇用は頑健さを示す一方，中小企業や高卒労働者を中心に本章が対象とするフルタイムの無期雇用においても流動化が進むという『二極化』が進展しつつある」（p. 32）と指摘し，「日本企業における『終身雇用』制度は頑健に存続するも，その対象は絞られつつある」（p. 46）とも指摘する。

　生活保障は，このような新規の採用抑制や採用したとしても非正規雇用という相対的に不安定な雇用の増大によっても脅かされている。次節では，企業に

3）小池（2016）は，「1970 年代以前は，非正規が表面上は少ないかにみえる」（pp. 20-21）という。それは工場労働における社外工が政府統計では，中小企業の「常用労働者」（実態として，「前二か月それぞれ十八日以上勤務したもの」と定義されている）として過小集計され，臨時工のみが非正規と集計されているためだという。

採用された後に生じた福利厚生の抑制についても確認しておきたい。

2.　良好な雇用機会と企業の福利厚生の拡大と縮小

2.1　企業の福利厚生の機能

　雇用社会の到来は，生活保障における企業の役割を高めていった（藤田・小島 1997, 駒村 1997, 西村 2009）。企業の福利厚生の多くは，公的な支援に関して，企業が代理あるいは一部を企業が負担して保険料を徴収するもので，後述する家族と第3章で整理をおこなう地域の補完機能と比べると，金額でその貢献を測ることができる。

　企業の福利厚生は，雇用を長期化する手段として整備したという見解（橘木 2005）や，労働者の企業定着のインセンティブとしての役割もはたしていたという見解もある（藤田 1997）。企業の福利厚生は，大企業，製造業を中心とする工業化段階の労働者の確保・維持という面から下支えする形で展開するようになったといわれる。溯ってその歴史的な歩みは，「自助，企業内福祉，社会保障へと発展段階をたどった」（藤田 1997, p. 18）という見解もある。

　西村（2009, p. 55）は，「企業内福祉が労働者の企業定着と雇用の長期化を促した」ことが，「企業が労働者に訓練機会を提供し，技能を更新させて弾力的に活用する人事管理へと結実した」という。また高山（2003）によれば，戦前期の民間企業は，勤める労働者の老後の生活保障のひとつとして退職金制度を設け，1937年にはそれを全企業強制となり，年金制度も含めて戦前期に法制化したという。

　猪木（1995）は，「戦後の生活保障は，企業の代行機能の強化によって労働者にとっては選択肢が少ないものとなり，また労働者が集積することによる企業内福祉の規模効果によって徐々に機能は安定した」（猪木 1995）という。その反面で拡大する働き方の多様化は，「企業の代行機能を複雑にし，また集積による福祉の規模効果も逓減するため，企業にとっては労働者の生活保障に積極的に関与するインセンティブが低下してきている」（西村 2009, p. 56）といった近年の状況も生み出している。

2.2　福利厚生の変遷

　企業の福利厚生は，どのように変化しているのだろうか。企業の福利厚生については，厚生労働省の「就労条件総合調査」[4]が，使用者が労働者を雇用することによって生じる一切の費用（企業負担分）である，労働費用について詳細に調査している[5]。

　企業の福利厚生をみるのに重要なのは，「現金給与以外の労働費用」である。これは，調査の設計では，「法定福利費」，「法定外福利費」，「現物給与の費用」，「退職金等の費用」，「教育訓練費」，「その他の労働費用」で構成されている。「法定福利費」は，法律で義務づけられている社会保障制度の企業分担分のことであり，現在は，「健康保険料」，「介護保険料」[6]，「厚生年金保険料」，「労働保険料」等を含んでいる。

　他方で，「法定外福利費」とは，法律では義務づけられていない福利厚生関係の費用のことをいい，「住居に関する費用」，「医療保険に関する費用」，「食事に関する費用」，「慶弔見舞い等の費用」等がこの統計で把握できる。多くは企業が雇用者のために整備している生活支援であり，企業選択・定着の誘因ともなっている。

　おおまかに整理すれば，「現金給与総額」は個人の働きぶりの評価（個人保障）に重なり，「法定外福利費」は企業保障に，「法定福利費」は社会保障に重なるとみていいだろう。

　労働費用総額に含まれるそれぞれの費用の内訳をみた図表 2-4 によると（第一段目），労働費用総額は，1995 年で平均 483,009 円，2016 年になると平均 416,824 円と金額は減少している。同様に現金給与総額もこの間平均 400,649 円から 337,192 円まで金額が減少している[7]。

4）「就労条件総合調査」は 2001（平成 13）年以降毎年実施する一般統計（2008 年までは承認統計）であるが，労働費用について調査しているのは，2002（平成 14）年，2006（平成 18）年，2011（平成 23）年，2016（平成 28）年である。1975（昭和 50）年と 1980（昭和 55）年は，「労働者福祉施設制度等調査」，1985（昭和 60）年以降は「賃金労働時間制度等総合調査報告」という調査であり，その対象は常用労働者の 1 か月の 1 人当たりの金額を示している。

5）省庁における企業調査の傾向として，小零細規模は調査対象外となることが多いが，この調査でも 29 人以下規模の企業は対象外になっている。

6）「介護保険料」は，2002（平成 14）年以降に「法定福利費」として徴収が始まっている。

図表 2-4　企業における労働費用とその内訳（1995 年と 2016 年の比較）

	労働費用総額	現金給与総額	現金給与以外の労働費用					
1995	483,009	400,649	82,360					
2016	416,824	337,192	79,632					

	現金給与以外の労働費用	法定福利費	法定外福利費	現物給与の費用	退職金等の費用	教育訓練費	その他の労働費用
1995	82,360	42,860	13,682	2,207	20,565	1,305	1,741
2016	79,632	47,693	6,528	465	18,834	1,008	5,104

	法定外福利費	住居に関する費用	医療・保健に関する費用	食事に関する費用	文化・体育・娯楽に関する費用	私的保険制度への拠出金	労災付加給付の費用	慶弔見舞金の費用	財形奨励金等の費用	その他の法定外福利費
1995	13,682	6,330	760	1,456	1,179	1,144	227	466	537	1,583
2016	6,528	3,090	877	616	383	552	128	222	161	500

出典：藤田至孝・小島晴洋（1997）「企業内福祉と社会保障：研究の課題」藤田至孝・塩野谷祐一編『企業内福祉と社会保障』東京大学出版会, p. 2 にデータを加筆
　　　労働大臣官房政策調査部『賃金労働時間制度等総合調査報告』（1995 年）より
　　　厚生労働省『平成 28 年就労条件総合調査』（2016 年）より

　公的な社会保障制度に対する負担を示す法定福利費が現金給与以外の労働費用に占める割合は（第二段目），1995 年 - 2016 年の間に，大幅に拡大されている。この値は 52.0%（42,860 円 /82,360 円比）から 59.9%（47,693 円 /79,632 円比）へと 7.9% 拡大している。藤田・小島（1997）によれば，この割合によって「企業内福祉についての企業の裁量が，さほど広いものではないことを示唆」（p. 2）すると同時に，今回の結果から，その裁量がこの 20 年ほどの間にさらに小さくなったと考えられる。その大きな理由は，介護保険料の徴収もあるが，現金給与以外の労働費用自体も縮小したことが考えられる。

　現金給与以外の労働費用のうち，法定福利費を除いた部分についてみると，1995 年は 39,500 円[8]，2016 年は 31,939 円であり，この費用と退職金を比較す

7）山田（2016）によれば，この間の，日本の名目賃金の動きは，1998 年まで上昇後に下降し，実質賃金は 1997 年まで上昇後に名目賃金同様に下降傾向になっている（pp. 26-27）。バブル崩壊の影響が数年を経て数字にあらわれたことになる。この間米国や欧州の賃金が上昇しているのとは対照的である。この間の賃金低下は，それまで上昇傾向にあった一般労働者の賃金はマイナスに転じ，さらにパートタイム比率の高まりが賃金を下げつづけている原因であるという（p. 31）。

図表 2-5　労働費用の企業規模別構成比（1995 年と 2016 年の比較）

	労働費用総額	現金給与額	現金給与以外の労働費用						
			計	法定福利費	法定外福利費	現物給与の費用	退職給付等の費用	教育訓練費	その他の労働費用
2016 年計	100.0	80.9	19.1	11.4	1.6	0.1	4.5	0.2	1.2
1000 〜	100.0	78.1	21.9	11.1	1.9	0.1	6.0	0.3	2.4
300 〜 999	100.0	82.5	17.5	11.4	1.4	0.1	4.2	0.2	0.3
100 〜 299	100.0	82.8	17.2	11.7	1.3	0.3	3.4	0.2	0.3
30 〜 99	100.0	83.9	16.1	12.2	1.1	0.1	2.3	0.1	0.2
1995 年計	100.0	82.9	17.1	8.9	2.8	0.5	4.3	0.3	0.4
5000 人以上	100.0	81.0	19.0	8.4	3.8	0.6	5.6	0.3	0.3
1000 〜 4,999	100.0	82.5	17.5	8.4	3.3	0.4	4.5	0.3	0.5
300 〜 999	100.0	83.5	16.5	9.0	2.4	0.5	3.9	0.3	0.4
100 〜 299	100.0	84.4	15.6	9.3	2.0	0.3	3.5	0.3	0.3
30 〜 99	100.0	84.8	15.2	9.8	1.5	0.3	2.8	0.2	0.2

出典：藤田至孝・小島晴洋（1997）「企業内福祉と社会保障：研究の課題」藤田至孝・塩野谷祐一編『企業内福祉
　　と社会保障』東京大学出版会，p. 4 にデータを加筆
　　労働大臣官房政策調査部『賃金労働時間制度等総合調査報告』（1995 年）より
　　厚生労働省『平成 28 年就労条件総合調査』（2016 年）より

ると，それぞれの割合は，52.1% と 59.0% となり，退職金などの費用が約半分
を占めている[9]。この割合は 20 年間でさらに拡大している。

　法定外福利よりも退職金等の費用の方が高く，企業内福祉の主要な部分を退
職金が占めていることを示しており，企業は現在の雇用者に対する退職後の一
定の保証を担保することにかなりの部分の費用を割いていることになる。

　さらに，雇用における規模の影響を確認するために，労働費用について
1995 年と 2016 年の間の企業規模別の構成比をみたのが図表 2-5 である。1995
年と 2016 年を比較してその変化の特徴を示すと，労働費用総額に占める現金
給与以外の労働費用（退職金等の費用と法定福利費）が上昇しており，これは
1975 年から一貫した傾向である。

　藤田・小島（1997）によれば，この傾向は，「高齢化などにともなう公的社
会保障の負担の増大と，退職者数の増加を主に反映した退職金等費用の増大と
いう，企業の裁量の余地の少ない費用によるもの」（p. 3）であるという。企業

8）それぞれ 82,360-42,860＝39,500 円，79,632-47,693＝31,939 円である。
9）1995 年は，20,565/39,500＊100 で 52.1%，2016 年は 18,834/31,393＊100 で 59% である。

が新規に労働者を雇用するための裁量は，雇用のリストラをしない限りは，小さくなってしまうのである。

　規模別にみると，企業規模が大きいほど現金給与額の占める割合は低く，それは主に法定外福利費，退職給付等の費用，教育訓練費に還元されていると考えられる。調査の対象となっている常用労働者においては，企業規模が大きいほど給与以外に企業側から支援を受けていることになる。

　生命保険文化センター『平成7年度・企業の福利厚生制度に関する調査』では，正規従業員30人以上の企業を対象として，そこに勤める臨時従業員に対する福利厚生制度の実施状況を確認している。正規従業員と臨時従業員の各制度の実施率の格差は非常に大きく，そうした支援がない企業も調査全体の38.2%にものぼったという（藤田・小島 1997, p. 4）。29人以下の企業においては調査対象外であるが，おそらくその格差はさらに大きいこと，そして従業員30人以上規模の企業において4割近くが非正規職である臨時従業員においては福利厚生制度自体がないという実態は，生活保障に対する企業と社会保障の役割に空白がある可能性を示している。

3. 家族の変化

　2節でも示したように，戦後から2000年前後までの生活保障は，雇用と家族，社会保障に頼ってきたといえる。その典型としてモデル化されたのが「男性稼ぎ主モデル」である（大沢 2007）。雇用を支える家族のあり方は，稼ぎ主に対しては仕事に注視できるよう，サポート体制をしいてきたということになる。

　社会保障は，男性雇用者を標準的な被保険者とする社会保険制度を基軸に1980年代に成立したこのモデルに基づいている（大沢 2007, 斎藤 2013）。家族が縮小するなかで，雇用が弱体化し，失業や賃金の低下を経験すると，妻が補完的に働くようになり，家族の生活機能に影響がでるようになる（西村 2007）。

　女性が働くようになり，社会進出すると，家事・育児の担い手として共に働き・共に家事・育児の担い手の機能が求められるが，別の時間軸で分業するのと，同じ時間軸で協働することは大きな違いである。さらに，単独世帯の拡大

は，家族による補完機能のない社会的リスクの高い働き方を含んでいることにも留意が必要になっている。

　生活保障の安定を維持するのに重要な役割を家族は，はたしている。家族のあり方が問われたとしても，家族がその成員（個人）に与える機能の否定はしにくい。それは基本的には，生活における「疾病」リスクや，子育てを中心とする家族の再生産機能のなかに個人の生活が位置づけられるからである。

　第1章の下位システムとの関係で整理すれば，家族は自助を支える互助の機能，あるいは個人保障における稼得への集中を推し進める分業体制である，「男性稼ぎ主モデル」の重要な構成要素となっている。ここではその役割について1990年代の中頃を分岐点として，その動向について統計データを用いて整理し，先行する研究からその質的変化について検討をおこなう。

　日本では，戦後に第一次産業を中心とした定住による直系家族の家族周期から，その一部が都市部への雇用にともなう離家を経て，移動先である都市部において新たな家族形成が行われた。仕事と家庭のバランスを家庭内の分業体制で担うようになるが，近年，家族の役割はさらに変貌している。

3.1　高齢化・単独化[10]と3世代同居

　生活保障において家族・世帯の構成の影響は大きい。図表2-6は，総務省の「人口推計」から日本社会の人口数と高齢化[11]の推移を見たものである。平成30年の10月1日において日本社会の人口は1億2,644万人であり，そのうち男性は6,153万人（48.7%），女性は6,491万人（51.3%）である。現在の65歳以上人口の占める割合である高齢化率は，総計で28.1%，男性の場合は25.1%，女性の場合は男性よりやや多く31.0%になっている。

　このうち，65〜74歳の構成比は総計で13.9%であり，75歳以上の構成比で

---

10) 単身世帯とは，一人で1戸を構えて暮らしている人，間借りして一人で暮らしている人，寮・寄宿舎，下宿屋に住んでいる単身者一人一人をいう。単独世帯は，世帯主のみの世帯すなわち，世帯人員が一人の世帯をいう。単独世帯には，企業などの独身寮や間借り・下宿屋などの単身者も含むが，寮・寄宿舎の学生・生徒や自衛隊の営舎内居住者などは，施設等の世帯としており含まれない。

11) 高齢化率は，現在65歳以上の人口割合で計算しているが，近年の65歳以上の心身の健康が保たれていることに加えて，活発な社会活動が可能な人が大多数を占めることから，75歳以上を高齢者とする新たな定義も提案されている（内閣府「高齢社会白書」2019, p. 3）。

図表 2-6　人口と人口構成の高齢化

	総計		男性		女性	
	数	%	数	%	数	%
総人口	12,644	100.0	6,153	100.0	6,491	100.0
65 歳以上人口	3,558	28.1	1,546	25.1	2,012	31.0
65 ～ 74 歳人口	1,760	13.9	840	13.7	920	14.2
75 歳以上人口	1,798	14.2	706	11.5	1,092	16.8
15 ～ 64 歳人口	7,545	59.7	3,818	62.1	3,727	57.4
15 歳未満人口	1,542	12.2	789	12.8	752	11.6

出典：総務省「人口推計」平成 30 年 10 月 1 日（確定値）
注：数（万人），％（構成比）

　も 14.2% となっており，これらの割合は 15 歳未満人口の構成比よりも高くなっており，平均寿命が延伸しなくても男女ともに今後も高齢化率は高く維持されていくと考えられる。

　同じように，厚生労働省の「国民生活基礎調査」からは，世帯構成に占める高齢者世帯[12]の割合も増加傾向にあることを示している（図表 2-7）。全世帯数は 1986 年から 2019 年の間に 3,754 万世帯から 5,179 万世帯に増加し，このうち高齢者世帯は 236 万世帯から 1,488 万世帯に増加しており，構成比は 6.3% から 28.7% に拡大している。65 歳以上の高齢者を含む世帯だけでなく，高齢者で構成された世帯も増加しているのである。

　この調査では，高齢者世帯に世帯員が 1 人だけの高齢単独世帯も把握しており，この割合は，男性では 1986 年の 10.4%（25 万世帯）から 2019 年の 17.3%（258 万世帯）に急拡大している。女性の場合は，同じ期間で 43.8%（104 万世帯）から 32.2%（480 万世帯）とこれも急拡大になっている。全体の世帯数と高齢者世帯数が増大しているので，割合としてみると小さく見えるが，男性の場合はその規模は 10 倍以上，女性の場合も 4 倍以上に世帯数は拡大している。

　高齢化に加えて単身化（単独世帯化）が生活保障を脅かすのは，図表 2-8 に見るように，核家族世帯の割合が安定している中で，単独世帯割合が増加し，三世代世帯割合が低下したこともあるだろう。山内（2012）は，1980 年と

12）高齢者世帯とは，65 歳以上の者のみで構成するか，又はこれに 18 歳未満の未婚の者が加わった世帯をいう。

図表 2-7　世帯数に占める高齢世者世帯の推移

| | 全世帯数 | | 高齢者世帯 | | 単独世帯 | |
| | | | | | 男性単独 | 女性単独 |
	数	%	数	%	%	%
1986	3,754	100.0	236	6.3	10.4	43.8
1989	3,942	100.0	306	7.8	10.0	42.0
1992	4,121	100.0	369	8.9	9.4	41.1
1995	4,077	100.0	439	10.8	10.2	39.9
1998	4,450	100.0	561	12.6	9.9	38.6
2001	4,566	100.0	665	14.6	10.9	36.8
2004	4,632	100.0	878	17.0	11.5	35.9
2007	4,802	100.0	901	18.8	13.0	35.0
2010	4,864	100.0	1021	21.0	13.9	35.3
2013	5,011	100.0	1161	23.2	14.3	35.1
2016	4,995	100.0	1327	26.6	15.8	33.6
2019	5,179	100.0	1488	28.7	17.3	32.2

出典：厚生労働省「国民生活基礎調査」より
注：1）1995 年の数値は，兵庫県を除いたものである。
　　2）2016 年の数値は，熊本県を除いたものである。
　　3）数（万人），%（構成比）

図表 2-8　世帯構成の推移

| | 単独世帯 | 核家族世帯 | | | | 三世代世帯 | その他の世帯 |
		夫婦のみの世帯	夫婦と未婚の子のみの世帯	ひとり親と未婚の子のみの世帯			
1986	18.2	60.9	14.4	41.4	5.1	15.3	5.7
1989	20.0	60.3	16.0	39.3	5.0	14.2	5.5
1992	21.8	59.0	17.2	37.0	4.8	13.1	6.1
1995	22.6	58.9	18.4	35.3	5.2	12.5	6.1
1998	23.9	58.6	19.7	33.6	5.3	11.5	6.0
2001	24.1	58.9	20.6	32.6	5.7	10.6	6.4
2004	23.4	60.6	21.9	32.7	6.0	9.7	6.3
2007	25.0	59.7	22.1	31.3	6.3	8.4	6.9
2010	25.5	59.8	22.6	30.7	6.5	7.9	6.8
2013	26.5	60.1	23.2	29.7	7.2	6.6	6.7
2016	26.9	60.5	23.7	29.5	7.3	5.9	6.7
2019	28.8	59.8	24.4	28.4	7.0	5.1	6.3

出典：厚生労働省「国民生活基礎調査」より
注：1）1995 年の数値は，兵庫県を除いたものである。
　　2）2016 年の数値は，熊本県を除いたものである。
　　3）数（万人），%（構成比）

2010年の30年間における単独世帯増加の要因について，人口要因（人口規模の増加と高齢化）と世帯形成行動の変化の2つを指摘し，それぞれの寄与を計算した。単独世帯増加に対して，人口要因は，30代前半までがマイナス，50代後半から大きくプラスに寄与するという。世帯形成行動は，10代後半を除いてすべての年齢コホートにおいて単独世帯数に対してプラスに寄与するが，とくに20代後半から40代まで大きくプラスに寄与しているという。結婚・子育てなどが集中する20代の後半から40代までのあいだにむしろより強く，その後も全世代にわたって未婚化や離死別による影響から単独化がすすむなか，人口規模の増加と高齢化が30代までの単独化を抑制するものの，50代になると一転単独化を押し進めたというのである。

　高齢化から生じる問題は，高齢期の経済格差と社会保障費の増大，高齢世帯における単独世帯の拡大によって，地域における生活支援の必要性や社会的孤立に対する社会的包摂に向けた課題が提起されている（宮本 2017, 西村 2010, 大竹 2005, 斉藤 2018 など）。

　大竹（2005）は，1990年代から拡大した経済格差は，増大する高齢者間の格差によるものだといい，宮本（2017）は，所得再分配前後のジニ係数をもとに，「相対的に余裕のある現役世代を経た高齢層において，年金などの社会保障給付が所得の改善に役立っている」（p. 14）と指摘し，余裕のない現役世代を経た高齢者とのあいだに生じる老後の格差を示唆する。西村（2010）は，2000年以降，60-69歳コホートと70歳以上のコホートが貧困率をそれぞれ19.2%と27.7%し，単身者に限ればその割合は，45.0%と53.3%になることを示す。

　支える人間関係についても，斎藤（2018）は，高齢者の孤立について，より深刻な孤立状態には2～10%程度，孤立しがちな状態を含めると10～30%が該当することを示し，男性であり高齢であるほど，未婚や離別経験者，子どもがいない人，低所得な人，社会経済的地位の低い人，身体的・精神的に虚弱な人の方がリスクは高いことを示している。これらは，高齢単身者の生活保障が毀損されている実態を明らかにしている。高齢者の生活保障は，雇用による強い下支えをもたないため，かれらはより社会保障に頼ることになると考えられる。

図表 2-9　専業主婦世帯と共働き世帯の推移

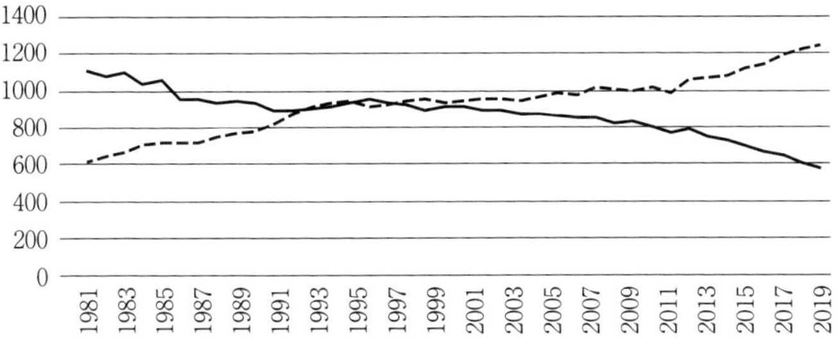

```
1400
1200
1000
 800
 600
 400
 200
   0
```
1981 1983 1985 1987 1989 1991 1993 1995 1997 1999 2001 2003 2005 2007 2009 2011 2013 2015 2017 2019

──── 専業主婦世帯（男性雇用者と無業の妻からなる世帯）
- - - - 共働き世帯（雇用者の共働き世帯）

出典：総務省「労働力調査」より

3.2　専業主婦世帯の推移

　人口の高齢化は，マクロな世代間の支え合いにおいて，高齢者間に広がる格差が社会全体の格差にまで影響を及ぼすことを示した。社会保障とともに生活保障において重要な役割をはたしてきた雇用においては，都市への移動によって分離した生産機能と生活機能を家庭内で達成するための分業体制として，また企業が担う，社会保障制度のエージェント機能との集約によって，男性稼ぎ主モデルが選択されるようになったといえる。その動向は，総務省の「労働力調査」からうかがい知ることができる[13]。

　図表 2-9 から，男性稼ぎ主モデルとなる専業主婦世帯[14]と共働き世帯の推移をみると，専業主婦世帯は，1981 年の 1,082 万世帯から減少傾向にあり，ピークは 1980 年以前のどこかである可能性が高い。2019 年では 575 万世帯まで半減近く減少している。他方で，増回傾向にあるのは，共働き世帯である。共働き世帯は，1981 年に現在の専業主婦世帯と同程度の 645 万世帯おり，2019 年には，1,245 万世帯とほぼ倍増している。

　共働き世帯には，たとえば，もともとは専業主婦世帯であったが，雇用者で

---

13) 1980-2001 年は総務省「労働力調査特別調査」，2002 年以降は総務省「労働力調査（詳細集計）（年平均）」をもとに作成できる。

14) 専業主婦世帯とは，「男性雇用者と無業の妻からなる世帯」であり，共働き世帯とは，「雇用者の共働き世帯」である。

図表 2-10a　専業主婦世帯の構成世帯数の推移

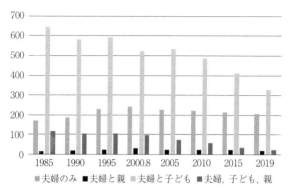

出典：総務省「労働力調査」より

図表 2-10b　共働き世帯の構成世帯数の推移

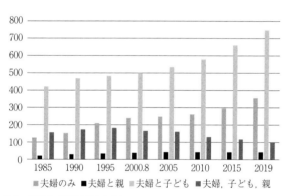

出典：総務省「労働力調査」より

　ある夫の収入が生活費用に足らず，パートなど非正規雇用者化した妻で構成される世帯が含まれる。もともと共働き世帯であった世帯が，出産・育児により専業主婦化する場合もあるが，近年社会問題化しているように，子どもを預けることができなくて，妻の社会復帰が難しくなっている。

　専業主婦世帯を含む世帯の推移をみると（図表 2-10a），夫婦と子ども，夫婦，子ども，親で構成される専業主婦世帯数が低下し，夫婦のみが安定的に推移し

ているため，世帯規模の大きかった夫婦と子どもで構成される世帯の減少が，
専業主婦世帯の減少として現れたことになる。

　そのため，図表 2-10b においても，共働き世帯の増加に寄与しているのは，
夫婦と子ども，夫婦，子ども，親の世帯——とくに夫婦と子ども世帯の増加で
ある。すなわち，専業主婦世帯と共働き世帯の推移の内実は，夫婦と子ども世
帯において，妻が働くことを以前と比べて選択するようになったため，と読み
取ることが可能である。近年の保育所・保育士不足は，夫婦と子ども世帯にお
ける妻の労働力化の拡大が，既存の保育施設の収容力を凌駕したといえるだろ
う。

3.3　未婚，母子・父子世帯の増加

　図表 2-11 は，日本の未婚率を同じ「国勢調査」から取り出してみている。
男女でその推移をみると，一貫して男性の未婚率が高く，この傾向は戦前の
1920 年から変わらない。

　男性の未婚率は，1965 年から 1980 年までの 15 年間の間にわずかに低下し
たものの，現在まで 3 割程度で推移していることがわかる。女性の未婚率は，
男性と同じく 1965 年から 1980 年の 15 年間に低下したが，その前後は 25% 程
度で推移している。

　この図表からは，日本の未婚率がこの 100 年で大きく変化していないことを
確認することができる。変化は，この未婚率を男女別・年齢コホート別にみる
ことで明らかになる。ここでは，とくに 20 ～ 39 歳までの未婚率を男女別に分
けて図表に示した（図表 2-12）。

　1950 年に，男性 20-24 歳の未婚率は 82.7% 程度であり，この当時は 5 人に 1
人ほどしか結婚していなかった。女性の 20-24 歳の未婚率は 55.2% であり，こ
の年齢層の女性の半数近くが結婚していたのとは対照的である。

　2015 年になると，20-24 歳の未婚率は 90% 以上になり，結婚するものは男
女ともに 10 人に 1 人程度の水準になる。明らかに性別にかかわらず，結婚の
遅延が生じていることがわかる。

　1950 年の 25-29 歳層を確認すると，男性の未婚率は 40% 以下になり，当時

図表 2-11　日本の未婚率（15-59 歳：男女別）

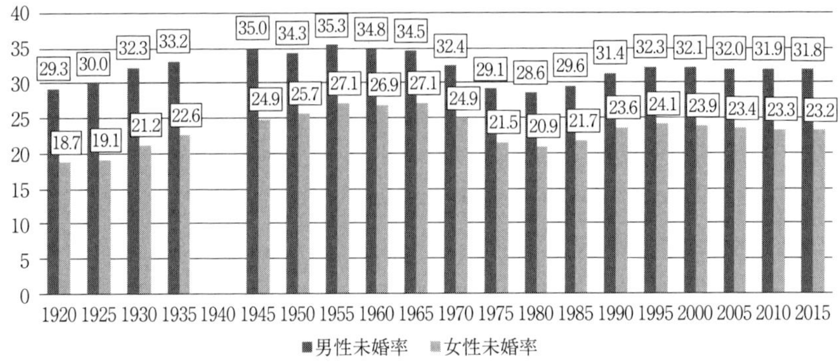

出典：総務省「国勢調査」より

は 20-29 歳になると男性の 6 割が結婚していた。1955 年の男性大学進学率が
15.3% であったので，学校・大学を卒業後，少なくとも数年を経てから結婚し
ていたことになるだろう。しかし，2015 年になると，未婚率は 1955 年の
34.3% から 72.7% へと倍増し，近年は，25-29 歳男性の 3 割ほどしか結婚して
いない。

　図表 2-12 では，1980 年代前後から 30 代の未婚率が高まっていく様子が示
されており，戦前期には未婚率が 10% 前後に収まっていたが，40 年ほどをか
けて 30 代未婚率が高くなっていく様子がわかる。

　1950 年当時，25-29 歳女性は，男性よりもはるかに結婚を経験していた。未
婚率は 15.2% であり，10 人のうち 8 人以上は結婚しているという状況になっ
ている。1975 年以降，25-29 歳女性の未婚率は急激に上昇する。1950-2015 年
間で未婚率は 20.9% から 61.3% へと約 3 倍に拡大する。この時期，30-34 歳と
35-39 歳の 30 代の男女にとって未婚率は 10% 未満になっており，結婚による
家族形成は 20 代に行われ，年齢による差異は小さく，ライフ・イベントの経
験は共通していたということができる。30 代の未婚率は 1980 年あたりから急
激に高まっていく。

　50 歳時未婚率[15)] は，1950 年当時で男性は 1.5%，女性は 1.4% で男女に差が
なかったのが，2015 年になるとそれぞれ 23.4% と 14.1% となり，50 歳時点の

図表 2-12　年齢別未婚率の推移（20-39 歳：男女）

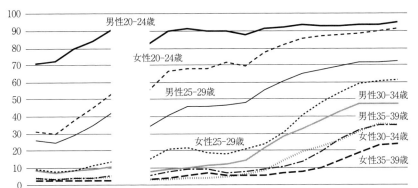

出典：総務省「国勢調査」より

　未婚率には性別により差が生じている。男性は顕著に結婚できなくなっているのである。

　40 代以降の未婚率の動向は，男女ともに 1950 年の 5% 未満から 2015 年の 30% まで上昇するが，変化が著しくなるのは 1990 年〜 1995 年以降である。全世代を一括して未婚率の推移をみると，大きく変動がないのは，未婚率の上昇が，若い世代から徐々に進行しているからである。そのため，未婚化によると思われるリスクの改善には多大な労力が必要となることが懸念される。

　未婚化が進むなか，結婚したあとに離死別を経験して，ひとり親で子どもを育てていく選択をする層も増えている（図表 2-13）。1990 年代以降の新しい社会問題として，ひとり親である母子・父子世帯は取り上げられるようになり（色川 1997），2000 年代以降に政策課題として改革の俎上にあげられるようになっている（周 2014）。2002 年の母子寡婦福祉法改正以降，支援の中心は，児童扶養手当による現金給付から，就業・自立への総合的支援に転換している

15）2017 年以前は，生涯未婚率という用語を用いていたが，50 歳時未婚率へと呼称が変更になっている。現在の岐阜県にある村を事例に，徳川時代の 50 歳時未婚率（旧生涯未婚率）が高かったという浜野・黒須・森本（1998）に対して，東北地方の 3 地点を分析した落合（2004）は，その値が低いこと（高くて 13%，低くて 0.1%）を確認している。この違いに落合は，当時はそもそも出生率が非常に低く，一家あたりの子供数が少ないことを理由としている（p. 47）。

図表 2-13　母子世帯・父子世帯数のトレンド

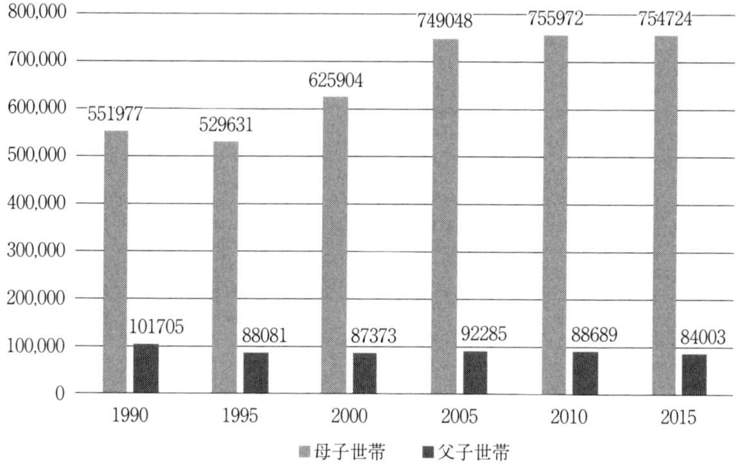

出典：総務省「国勢調査」より

（金川 2012）。

　母子世帯・父子世帯が注目される理由について周（2014）は，2000 年代の母子・父子世帯の急増，母子世帯の相対的貧困率が 5 割を超えたこと，そして 2000 年代に母子世帯への福祉給付が急速に伸びたという 3 点をあげる（p. 2）。国際的にみても，就業している日本のひとり親世帯の貧困率は OECE 平均をはるかに上回り，この世帯では就業が貧困脱出[16)]につながっていないという（OECD 2006, p. 113）。

　戦後の雇用と社会保障による生活保障を下支えする仕組みは，雇用の二極化などその生活安定機能が低下により，社会保障への期待は大きくなっている。第 3 章では，社会保障制度が地域を中心に人々の生活を支える仕組みへと転換していく推移について概観することにしよう。

16）第 6 章では，とくに母子世帯の生活の不安定さを踏まえて支援ニーズについて踏み込んだ分析をおこなう。

第3章

生活支援の動き
―地方自治体を中心とする生活支援提供体制の可能性―

　第3章では，生活保障を支えるシステムとして地域社会の比重が高まっていることを確認したい。社会保障制度が提供する生活支援は，戦後日本が目指してきた中央集権にもとづく福祉国家体制より提供されるナショナル・ミニマムから地方分権的な地域の寄り添い型の生活支援へと様変わりしている。

　このような趨勢は，2015年に施行した生活困窮者自立支援法の施行により，実質的に動き出したが，これまでも支援の空白に支援の手が届くよう多大な努力が払われてきた。そこで歴史的な経緯について大まかに整理し，生活困窮者自立支援制度のもと支援窓口を運営する地方自治体の動向と課題を提示する。

1. ナショナル・ミニマムから地域へ

　生活保障を支える社会保障は，戦後の経済と雇用の安定と家族主義によって，最低限の生活を支える制度として整備されてきた（宮本 2009）。戦後の日本社会における人の流れは，終戦直後の一時期を除くと，農村から都市への人口移動に特徴づけられてきた。明治からつづくこのトレンドは，1970年代前半になると，非大都市圏への人口流出という転換点を迎える（黒田 1976，石川 1978）。

　その後は，地方から都市への移動と，都市から地方への移動が拮抗した時期を含みながら，近年の人口移動は，東京一極集中の傾向をもつにいたっている（山口・松山 2015，神野 2002）。第2章では，農業から雇用者，農業の2，3男から自営業，そして自営業と雇用者という4つの供給源から雇用社会は成立した

ことも確認した。

　雇用者と専業主婦からなる「男性稼ぎ主」世帯の増加を背景に，雇用者を標準の被保険者とする社会保険制度を基軸として，社会保険制度は，雇用者と自営業主と家族従業者という働きかたと無業者という地位により，さらに雇用者の場合は企業規模あるいは労働時間・年収により，それぞれ分立し（大沢 2007, pp. 55-56），日本型の福祉国家体制をつくりあげたのである。

　このような仕組みが出来上がった理由について宮本（2009）は，「追いつき型の近代化」と「欧米に遅れて導入された 20 世紀型福祉国家にも，雇用と家族を前提とする構造があった」（p. 48）ことをあげ，この 2 つの相乗効果により，安定した雇用と家族の役割が日本の生活保障を下支えするようになったというのである。

　畑本・黒田（2018）は，貧困対策から始まる戦後日本の社会保障制度は，主要な方法としてナショナル・ミニマムの確立を目指し，中央集権体制による全国で統一的な基準（政令，省令，各種通知・通達など）を示してきたという。西尾（2007）によれば，それは「市町村横並び平等主義」（p. 16）と呼ばれるシステムであった。

　人口の高齢化による高齢者世帯の増加，単身者・単独世帯と未婚者の増加傾向，そして雇用をサポートする家族の機能の変化がすすむなか，年金，遺族関連，高齢者医療など人生後半に集中することを特徴とした社会保障支出が増大するようになる。そうなると，社会保障への期待の大きさに相反して，税と社会保障の一体改革など，削減に向けた改革が求められるようになる。

　雇用社会が提示してきた生活給体系という右肩上がりの賃金構造が変化し，企業が提供する福祉制度（扶養手当，退職金・企業年金，社宅・住宅手当など）も削減されるようになる。一般世帯においても福祉サービスへのニーズが高まると，多様化したニーズに対して，社会保障の従来のシステムがうまく機能しなくなることもわかってきたという（畑本・黒田 2018）。

　宮本（2009）は，雇用が一番変化に対して脆弱であり，その部分に日本の生活保障は「もっとも強く依拠してきてしまった」（p. 49）という。菊池（2019）は，「社会保障と密接に関連する社会的な基盤，なかでも家族，企業，地域の

三つの要素がいずれも脆弱化しつつあること」(p. 8) を指摘する。菊池の指摘する「企業」とは，個人と企業が結びつく雇用と同義と思われるが，いずれにしても，社会の変化に対して，生活保障がもつ社会保障への期待は大きくなってきている。

　社会保障への期待に加えて，菊池 (2019) は，家族，企業，地域を，社会保障の前提あるいはそれを補完するものと位置づけなおし，それら 3 つが，社会保障制度の権利義務の担い手としての国家と個人のあいだにあって重要性を増しているとしており，生じた空白を埋める役割をはたすことを期待する。

　行政側も同様の趣旨で社会保障を支える役割についてたびたび言及している。たとえば，2012 年に刊行された『厚生労働白書』では，脆弱化しつつある家族・企業・地域と重なる「分厚い中間層の復活」(pp. 109-194) といった課題と社会保障との関係について章を設けて検討している。

　こうした社会構造の変化を見据えて，社会保障制度は，生活支援の主軸を国家と個人を基軸とするものから，より個人に近い地域を基軸とした方向へとゆっくりと移行させてきている。もともとサービス給付においては，地域が社会保障制度の代替的な役割をはたしてきており，第 2 節で後述するように，とくに 2000 年に施行された社会福祉法と 2003 年の法改正を契機として，社会福祉と地域・地方自治体の役割が生活支援においては重要な役割を期待されるようになっている。生活保障における新たな下位システムへと再構築が始まっているのである。

2.　地域福祉の主流化

　生活保障における空白を埋めるために，地域・地方自治体の役割について遡って制度の推移を確認すると，支援の担い手である社会福祉[1]のあり方にも変化がみられる。1983 年に社会福祉事業法が改正され，市町村社会福祉協議会

1）岡村 (1983) は，社会福祉の対象を，最低生活の経済的保障である社会保障が個人のもつ社会関係の客体的側面にかかわるものと区別し，主体的側面にかかわる社会的援助と位置づける。また法律による社会福祉が全部であってはならないと指摘する。社会福祉が支援の空白を埋める活動を担ってきたのは間違いないだろう。

が法定化し，その役割が地域福祉を支援する活動団体として明確化されている。1986年には，社会福祉行政の機関委任事務から団体委任事務への転換がおこなわれ，1990年になると，福祉関係八法改正で地方分権化がさらに推し進められている。このような経緯を経て，2000年になると，社会福祉事業法が題名改正されて社会福祉法となっている。

　社会福祉法の施行までの経緯について武川（2006）は，「措置制度の下にあった福祉サービスの多くは，この改正をはじめとする一連の改革によって，契約制度の下に置かれることになった。これまで行政処分の対象だった福祉サービスの利用者が契約の当事者として遇されるようになったのである」（p. 1）とその施行を高く評価する。

　社会福祉法の第一章総則の第一条には，地域における社会福祉の推進（地域福祉の推進）を図ることが目的とされ，第四条に，地域住民と社会福祉事業・活動をする関係者が相互に協力して目的達成に努めることとされている。第十章には，地域福祉の推進のため，包括的な支援体制を整備とともに，地域福祉計画が位置づけられた。地方自治体である市町村と都道府県は，地域福祉推進の主導的な役割を担うことが明記されたのである。

　武川（2006）は，「これまで社会福祉の法制度のなかには存在していなかった地域福祉という考え方が，法律のなかにはじめて明記され，その推進が繰り返し語られることの意義は大きい」（p. 2）と指摘し，「2000年は日本の社会福祉の歴史の転換点であり（介護保険の施行も2000年である），日本の福祉社会はこのとき地域福祉の段階に入ったということができる」（p. 2）と評価した。

　武川（2006）は，その特徴としてあげる，「老人福祉，児童福祉，障害者福祉のような縦割りではなくて，領域横断的な地域福祉の考え方が社会福祉の世界で重視されるようになってくる状況のこと」（p. 2）を「地域福祉の主流化」（p. 2）と呼ぶ。図表3-1は，武川が仮説的に提示した地域福祉へと至る社会福祉の変遷を描いたものである（p. 25）。

　武川（2006）の「地域福祉の主流化」説は，ソーシャル・ワークがコミュニティと福祉との関係から，海外の先例の影響を受けつつも独自の展開を遂げてきた実態に対応しており，その文脈にのって提供体制が少しずつ変貌してきた

図表 3-1 武川（2006）による地域福祉概念の成立

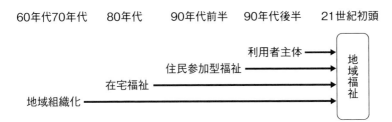

出典：武川正吾（2006）『地域福祉の主流化 福祉国家と市民社会Ⅲ』法律文化社, p. 25

過程を描き出している。社会保障が対象とした支援は，低所得者向けの生活保障であったため，社会福祉は人口の高齢化を反映して，在宅福祉や住民参加型福祉へ引き継がれていく。

　次節で述べるように，社会福祉基礎構造改革以降は，社会保障の目指すものが貧困対策から社会的包摂政策へと変化するのをうけて（白瀬 2018），地域で提供する支援は，利用者主体と「伴走型支援」へと変化し，2015 年の生活困窮者自立支援法の施行により，地域福祉と地方自治体が支援の狭間を埋める役割を期待されるようになる。このことは似田貝（1994）が「共的サービス領域における問題解決の主体に，地域集団の再活性化が課題化されている」（p. 93）とまさに指摘していることであったのである。

　他方で，神野（2002）は，生活保障における地域の重要性の背景には，都市と農村（地域）の社会動態について，普遍的な展開の影響があったと指摘する。神野（2002）は，産業化過程にみられる普遍的な人口移動について以下のように説明する。

　まず，農業から工業への産業化は，農村からまず原料立地的に散在する工業都市への人口移動をもたらし，その結果，農業では一体化していた生活機能と生産機能の分離をともなうという。ついで，工業化が軽工業から重化学工業の段階になると，重化学工業の巨大組織が，工場組織と事務所組織に分離するようになり，事務所が都市に集中し，東京や大阪のような中枢管理都市が形成されるようになるという。

　こうして出来上がった中央集権の仕組みについて，武川（2006）は，「公共事業という利益配分をつうじて，国家官僚制はますます権力を集中する。日本の給付国家は，階層間の再配分よりも地域間の再配分を重視したから，地方政府の関心も中央政府から公共事業を取ってくることに向かい，地方は中央への依存を強め，中央政府は地方政府の後見人としてふるまった。」（p. 14）と指摘する。

　1990年代にすすんだ日本の中央政府の分権化への移行について，新川（2003）は，グローバル化とローカル化という内外からの影響を指摘する。「改革は，日本の場合に則して言えば，政府行政の合理化効率化，民営化と規制緩和，そして地方分権改革に代表されてきたのである」（p. 154）とし，「かつては地方自治体にとって意味のあった中央の規制や保護が，地方の活動を阻害し始めたともいえるし，地方自治体の中に蓄積された自治の技術と能力が，そうした介入を不要とし始めた場合もある」（p. 168）と指摘する。地方自治体を取り巻く状況の変化によって中央と地方の関係も従来は異なっているのである。

　近年は，海外への工場移転がすすみ，地方分散の促進[2]を繰り返しすすめてきたものの，荒廃した地方では福祉のような市民の共同事業による再生が求められているというのである（神野 2002）。

　そもそも神野（2002）は，福祉国家の形成の契機について，上記のような大量生産・大量消費の工業社会にあって「国民国家が競争原理にもとづく市場経済を，福祉国家を形成して制御する」（p. 34）ためであったととらえる。そして，財政学の系譜を紐解きながら，非市場経済である福祉分野の政府機能が拡大することと（≒福祉国家）とあわせて，補完性の原理[3]に則って地方分権を推進せざるをえないと帰結したと説明を加える。

　第2のセーフティ・ネットの構築において，地域を運営主体とした支援体制

2）国土交通省（旧運輸省）の『運輸白書』（昭和47年）第2部第3章「豊かな市民生活の創造と運輸」第1節「生活環境整備のための構造的対策」においても昭和35年の所得倍増計画に政府の地方分散計画の萌芽あるとの指摘がある。

3）補完性の原理は，政策決定は，それにより影響を受ける市民，コミュニティにより近いレベルで行われるべきだという原則である。ヨーロッパ地方自治憲章にも条文化されているという（神野2002）。

の構築の是非について，近年の行政学的観点からは肯定的な意見は乏しい。そ
れは，地方政府が自律的に政策選択をおこなうと，再分配政策（福祉政策が含
まれる）を実施することが困難になると考えているためである。

　Peterson and Rom（1990）によるこの議論では，地方政策の再分配政策を実
施すると支援サービスが向上し，低所得者が他地域から流入するようになり，
再分配政策の負担を担う高所得者が便益を受けることができず，他地域へ流出
すると考える（「福祉の磁石（welfare magnet）」）。

　福祉政策はこの議論の典型例であり，開発政策に比べて政策の持続可能性が
低くなるという。今後，地域への権限の委譲がどのように進むのか，地域の生
活支援のあり方とこの権限の委譲はどのように関わってくるのか，本書の範疇
を超える議論であるが，常に念頭に置いておきたい。

3. 地域における生活支援の提供体制の構築
──自立の多元化と自助の拡大

　2000年以降，生活に困難を抱える層を支援するために，国の制度は地域を
中心とする，個人の生活に「寄り添う」ことを目指す方向へと舵をきった（白
瀬 2018）。その契機となったのは，2000年に施行された地方分権一括法とすで
に記載した社会福祉法である（第2節参照）。地方分権一括法は，国と地方の役
割分担を明確化し，制度においては，国が地方に負担させていた機関委任事務
制度を廃止し，国の関与のルール化を図り，この法律により「名実ともに市町
村が福祉サービスの責任主体」となった（畑本・黒田 2018, p. 39）。

　第2節で記したように，社会福祉法は，措置から契約，地域における社会福
祉の明記，地域福祉の主流化といった変化をもたらした。その後も，2005年
に介護保険法が改正されるなど，現在までに地域の福祉関連事業（地域包括ケ
ア，生活困窮者自立支援，子ども子育て支援など）の運営主体を自治体が担うよ
うになってきている。

　白瀬（2018）は，生活支援の性格の推移を跡づけて，戦後初期の現金給付に
よる貧困救済に始まり，その後医療や介護などのサービスが生活を支え，現代

図表 3-2　社会保障制度における支援と自立概念の変遷

制度・審議会・ 白書など	サービス の質	自立概念の定義
1947 年　失業保険制度の施行	現金給付	
1950 年　生活保護法（新法） 　　　　　社会保障法制の整備		自立の助長を目的：消極的自立；惰民防止・保護か らの脱却
1961 年　国民皆保険・皆年金の実現	現物給付	：積極的自立；保護への依存からの脱却（自主独立の内容的可能性を発見し，助長）
1997 年　介護保険法成立	現物給付	
1998 年　中央社会福祉審議会		自立の重視
1999 年　地方分権一括法		唯一の自治事務：自立助長のための相談・助言等
2000 年　介護保険法施行		自立支援の理念の導入
		残存能力応じて自立した日常生活を送る
		介護サービスを利用していないという自立
2000 年　生活保護法改正		相談及び助言が自治事務としてケースワーカーの自主判断による情報提供・助言が法律に明示
2001 年　厚生労働白書		個人の自立を支持
2002 年　ホームレス自立支援法制定		自立を冠する法制の広がり
2003 年　社会保障審議会福祉部会 　　　　「生活保護の在り方に関する専門委員会」		3 つの自立（就労自立，日常生活自立，社会生活自立）
2004 年　同上		
2005 年　障害者自立支援法		

出典：白瀬由美香（2018）「社会保障制度における支援の変遷」遠藤久夫・西村幸満監修・国立社会保障・人口問題研究所編『地域で担う生活支援』東京大学出版会，pp. 16-21 より作成

にいたっては地域で社会福祉を提供する，相談支援による「寄り添い」へと変遷してきたことを指摘している。

　図表 3-2 は，制度・重要な審議会・白書などを中心に，支援・サービスと自立概念の変遷について白瀬の見解を整理したものである（白瀬 2018）。社会保障制度が生活保障のために支給する，現金・現物給付の歴史は古く，手当金である現金給付は 1947 年の失業保険制度・1950 年の生活保護制度の施行にともない給付されている。その後，医療・介護サービスに代表される，サービスそのものを提供する現物給付に比重が移るようになった。

　さらに，現金・現物給付では社会から孤立し，人のつながりをもてないといった新しい課題である社会的排除を捉えられないことから（菊池 2019，p. 40），手段的・道具的なケアから生活保障に向けた調整を図ることが目指されるよう

になった。

　図表3-2をみると，介護保険制度の成立後の1998年の中央社会福祉審議会による「社会福祉基礎構造改革について（中間まとめ）」に，「個人が人としての尊厳を持って，家庭や地域でその人らしい生活を送れるような自立支援」が社会福祉の目的であると示されたのを契機に，自立概念は拡張し，2003年の社会保障審議会福祉部会の「生活保護の在り方に関する専門委員会」では，3つの自立（就労自立，日常生活自立，社会生活自立）概念が提示されるに至っている。

4. 生活困窮者自立支援制度と支援体制のタイプ

　2015年の生活困窮者自立支援法の施行は，自治体に対して自立支援とともに，地域資源の実情に合った提供体制を構築することを求めている。「寄り添い型」支援の拡充と併せて，「『雇用保険未満，生活保護超』の稼働年齢層」（岩田 2016b）を対象とした，効果的な支援（とサービス提供者の負担抑制との両立）を目指すようになった。これらは，第二のセーフティ・ネットによる支援体制であり，このような支援体制の最先端が，自治体あるいは自治体の業務委託先が運営する，生活困窮者自立相談支援窓口である。

　このような自立相談支援相談窓口は，2018（平成30）年8月1日現在，1300カ所を超えており，地域の多様で複合的な問題を抱えた相談者に対応している。制度の施行に併せて厚生労働省は，「事業運営の手引き」あるいは制度に関わる支援員の養成研修を実施して組織・相談業務の質の向上を目指している。

　菊池（2019）は，社会保障制度における支援のあり方について，理念的・歴史的に整理をおこなったうえで，財（金銭，現物，サービス）の分配支援に加えて，伴走型・寄り添い型の「相談支援」（相談援助）の重要性を指摘する（p. 69）。生活保障を目的とする社会保障のあり方が，中央集権的な福祉国家が提供するだれでも同じナショナル・ミニマムな支援から，相談援助により，ひとりひとりの生活課題を包摂して生活保障に向けた支援へと移行したということができる。

4.1　生活困窮者自立支援制度の概要

　生活困窮者自立支援制度では，全国の福祉事務所設置自治体が実施主体となって，2つの必須事業と4つの任意事業により，生活困窮者からの相談に対して支援を開始している。必須事業の1）自立相談支援事業は，この制度がおこなう基本的な支援となっており，相談者の抱えている課題を適切に評価・分析し，「自立支援計画」を作成するなどの支援をおこなうものである。同様に必須事業の2）住宅確保給付金は，一定の要件を満たしたとき，市区町村ごとに定める生活保護制度の住宅扶助額を上限に，実際の家賃額を支給する[4]。4つの任意事業は，3）就労準備支援事業，4）一時生活支援事業[5]，5）家計相談支援事業[6]，6）子どもの学習支援事業[7]で構成されている。

　3）は，すぐに一般就労が難しい場合に，6か月から1年間のプログラムにそって基礎能力を身につけるための事業である。4）は，不安定な居住形態にある場合，一定期間，宿泊場所や衣食を提供する。5）は，家計状況における根本的な課題を把握して，自ら家計管理ができるよう支援することである。6）は，生活困窮世帯の子どもの学習支援，日常的な生活習慣，居場所づくり，通学支援，高校進学者の中退防止に関する支援等，子どもと保護者の支援をおこなう。

　これら事業の運営方法と委託先については，2015年と2018年の「事業実施状況調査」の結果に基づいて整理した（図表3-3）。必須事業の自立相談支援事業は，2018年において直営率35.1%，委託率54.7%，直営＋委託率は10.2%である。2015年と比べて直営率が低下して，委託率が上昇している。この期間で調査対象総自治体数は901から902とほとんど変わらないなか，委託率が

4）住宅確保給付金の支給は，原則3か月間で延長は2回までの最大9か月間である。
5）2018年の制度改正にともない支援体制の強化が図られた。その内容は①一時生活支援事業の拡充でシェルター等施設退所者・地域で孤立する者への訪問等見守り・生活支援の創設。
6）②自立相談支援事業・就労準備支援事業・家計改善支援事業の一体的実施の促進である。なかでも就労準備支援事業と家計改善支援事業（家計相談支援より名称変更）は努力義務とされ，両事業を効果的・効率的に実施すると国家補助率が1/2から2/3に引き上げられるようになった。また，都道府県の関与についても利用奨励を行う努力義務，市等への研修等の支援を行う事業の創設を行った。
7）③学習支援に加えて，生活習慣・育生環境への改善に関する助言の追加である。

図表 3-3　事業内容ごとにみた生活困窮者自立支援制度の運営方法・委託先

		運営方法					委託先						
		自治体数	直営	委託	直営+委託	未回答	自治体数	社協	他社会福祉法人	他法人	株式会社	NPO法人	生協等協同組合	その他
必須事業														
1) 自立相談支援事業	2015 年	901	40.0	49.0	11.0	0.0	538	76.0	8.0	6.7	6.3	12.6		3.0
	2018 年	902	35.1	54.7	10.2		585	76.2	8.7	6.2	5.8	11.8	2.2	2.6
任意事業														
3) 就労準備支援事業	2015 年	253	8.0	85.0	3.0	4.0	223	27.6	21.3	10.9	13.1	30.8		14.0
	2018 年	435	8.0	86.7	5.3		400	27.8	17.8	10.8	18.0	30.3	2.8	14.0
4) 一時生活支援事業	2015 年	172	45.0	45.0	8.0	2.0	91	11.0	27.5	12.1	4.4	34.1		12.1
	2018 年	265	42.6	53.2	4.2		267	13.9	26.2	12.4	1.9	33.3	2.6	9.7
5) 家計相談支援事業	2015 年	205	10.0	86.0	1.0	3.0	179	70.9	3.4	2.8	3.4	6.1		17.3
	2018 年	403	11.9	85.4	2.7		355	70.1	4.8	3.9	2.3	7.3	10.7	10.7
6) 子どもの学習支援事業	2015 年	300	24.0	62.0	11.0	3.0	221	17.6	10.0	20.4	7.2	39.4		23.5
	2018 年	536	22.4	66.6	11.0		416	18	7.4	14.6	14.3	34.6	1.5	3.0

出典：厚生労働省社会・援護局地域福祉課生活困窮者自立支援室「生活困窮者自立支援制度の事業実施状況調査」
　平成 27 年，平成 30 年版より

5% 以上も上昇したことがわかる。委託率が上昇しているのに，2015-2018 年
間で委託先の構成比はどの事業においても 1% 未満の差異しかない。

　自立相談支援事業の委託先は，2015 年と 2018 年ともに，社会福祉協議会が
もっとも高く，それぞれ 76% を越えている。次いで NPO 法人がそれぞれ 10%
強になっている。この結果から推察すると必須事業の直営から委託への移行は，
特定の委託先に偏ることなくすすんだとみられる。

　任意事業の 4 つについて 2015 年と 2018 年で比較すると，自治体数はどの事
業も大幅に増加している（それぞれ 1.7 倍，1.5 倍，2.0 倍，1.8 倍）。任意事業の
自治体直営率が高いのは，4）の一時生活支援事業で 42.6% であるが，実施し
ている自治体数は任意事業中もっとも少ない（2015 年 172 自治体，2018 年 265
自治体）。ついで直営率が高いのは，子どもの学習支援事業で，その割合は
20% を超える程度でしかない。家計相談支援事業の直営率は，それぞれ 10.0%
と 11.9%，就労準備支援事業の直営率は，それぞれ 8.0% となっている。

　この 3 年間で変化が著しかったのは，各任意事業の実施自治体数が拡大した

ことであるが，運営方法・委託先の構成比は直営から委託への移行同様に，この3年間で大きな変化をもたらさなかったことがわかる。

　西村（2018）によれば，どの任意事業を提供するのかによって自治体をタイプわけすることができ，それは，自治体の大勢を占める高齢者福祉・障害者福祉の支援比重が大きい「福祉タイプ」，中間就労やハローワーク機能との連携を図る「就労福祉タイプ」，家計相談など制度で規定する事業全体を支援しようとする「家計再生タイプ」の3つに分かれるという（西村 2018, p. 76）。「就労福祉タイプ」は，自立の3タイプのうち，就労自立をすすめやすい自治体であるが，「福祉タイプ」を選択する多くの自治体では求人ニーズが低調なため，この支援タイプを選択できない。

4.2　相談窓口のあり方と課題

　地方自治体が生活困窮者自立支援制度の運営主体となったため，全ての自治体で相談窓口を設置することになる。設置に際して課題は多いが，事業のタイプ（必須事業に加えてどの任意事業を選ぶのか），直営・業務委託・直営＋業務委託の選択，設置場所，職員の配置，費用負担などがあり，本書でとくに注目する問題は2つである。それは，運営主体となる自治体職員の働き方と関係する，大部屋主義（大森 2006，真渕 2009）と新たな業務目標の問題である。これらは地域の生活支援供給体制の根幹であり，事業の直営の可能性の可否を左右するだけでなく，間接的に委託先との連携にも影響を及ぼす。

　大部屋主義は，自治体職員の一般的な働き方として大森（1987, 1994, 2015）が主張するものである。大森（2015）によると，自治体職員の特徴は，1）公式の（事務分掌規程上の）所掌事務は，部・課・係という単位組織に与え，2）その規定は概括列挙的（○○に関すること）であり，3）職員はそのような部・課・係に所属して，4）物理空間的には一カ所で執務する組織形態をとるという（p. 133）。

　自治体職員の働き方の特徴により，自治体職員と市民は，図表3-4（左図）に示すような接し方になることが多い。受付から一番近い職位の低い職員から，単位組織制の上位職員である課長はもっとも遠い位置づけである。相談窓口も

図表3-4　窓口の基本的タイプ

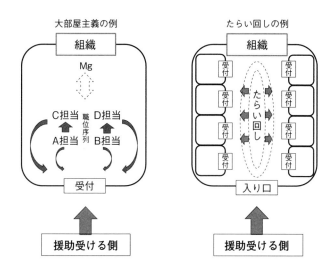

基本的にはこの形態になる可能性がある[8]。大部屋主義の検討の結果，行政サービスの批判となる，「たらい回し」の根本に，大部屋主義が関わっていることがわかった（図表3-4右図）。自治体職員の働く職場の配置自体に，住民を遠ざけ，複合的な相談に適切に対応できない構造をもっているのである。

　このような問題に対処するため，自治体は総合相談窓口の設置を試みる（畑本 2018）。総合相談窓口の基本的な模式図は，図表3-5 に示した通り，2つのタイプとその組み合わせである。ひとつは，窓口を受付として，相談者の相談内容に応じて，問題に対処できる担当者が窓口に適時駆け付けるというものである（畑本 2018）。一般にこれは組織内連携と整理できるもので，受付には庁内業務全般と担当者に対する知識が必要である[9]。もうひとつは，組織内連携に対して組織間連携と呼べるもので，主な業務は支援の担い手へ相談者をつなぐことであり，受付は庁内だけではなく庁外の組織・団体・専門家に対する知

8）相談者の相談内容は多岐にわたるが，その内容は個人のプライバシーに関わることが多く，当然の配慮として，個室などを用意する必要がある。

9）このような特性から，一部の自治体では課長補佐級の職員が受付を担う試みもあったが，運用の継続は難しいという。

図表 3-5 窓口の総合窓口化

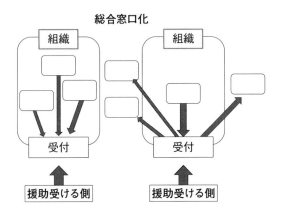

図表 3-6 生活保護受給者等就労自立促進事業

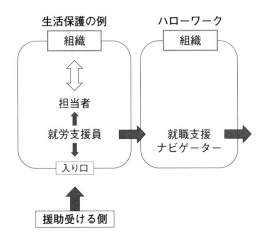

識が求められる。典型的には地域にある弁護士の出張所である法テラスを始め
として，地域で福祉サービスを提供する団体・組織などの連絡協議会などもあ
る。

　生活困窮者自立支援事業に先行して 2013 年から支援が始まった生活保護受
給者等就労自立促進事業では，就職紹介をおこなうハローワークの就職ナビゲ

ーターと，庁内の生活保護担当課（例；生活福祉課など）のケースワーカー（CW）と就労支援員が協働で支援をおこなう，組織内組織間連携となる（図表3-6）。

4.3　相談窓口と支援体制とその担い手の問題

　新たな業務目標[10]を問題とするのは，生活困窮者自立支援法による相談窓口の運営に付随して，地方自治体の職員は受付あるいは生活支援の担い手として職員配置がおこなわれることがあるからである。西村（2018）は，相談窓口業務を外部の組織・団体に委託すると，相談業務は，職員の直接の負担にはならないが，業務委託先の管理・運営の業務（競争入札・事業化支援・育成など）という間接的な負担は残るという（p. 284）。

　生活困窮者自立支援制度における自治体の職員配置について畑本・黒田（2018）は，2000年に廃止された国の機関委任事務や社会福祉施設の職員には，厳格な最低基準が定められているが，福祉事務所の現業員や生活困窮者自立支援制度にかかる事業等の，相談支援・ソーシャルワーク業務に従事する職員については，比較的緩やかな職員配置の基準（あるいは技術的助言）となっている」（p. 54）という。

　必須事業の自立相談支援事業においては，主任相談支援員，相談支援員および就労支援員の3職種を配置することを基本としているが，これは行政通知によるもので，相談支援員と就労支援員の兼務も可能となっている。しかし，相談窓口を直営するのであればその負担は配置された職員が担うことになる。

　そこで，健康保険制度，介護保険制度，生活保護制度と新しい生活困窮者自立支援制度（子ども子育て支援制度を含む）の4つの制度から，現在の自治体職員に求められる業務目標について整理をおこなった（図表3-7）。

　このモデルの基本は，地域医療の分野では，地域包括ケアシステムの構築により，医療従事者の業務目標のズレが生じたことによって生み出された。それ

---

10) 新たな業務ではなく，業務目標としたのは，以下にみるように，自治体職員の業務としては，配置基準は緩やかであることを考慮して，地方自治体が運営する事業の全てにおいて求められる業務の幅を検討するためである。その具体的な模式図が，図表3-7である。

図表 3-7　2015 年以降の自治体職員の職務の拡張

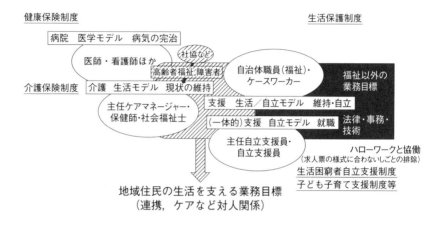

は，医療の業務目標がもっぱら患者の治療を重視する「医学モデル」と，介護の要支援者の生活改善を目指す「生活モデル」との間で生じたズレである。このズレは，誰が担う業務なのかが明確ではない「制度の狭間」（猪飼 2015，宮本編 2014）問題である。

　生活困窮者自立支援事業の相談員の業務は，自らの自立を業務目標として，そこに図表 3-7 に示すように，医療従事者が病気の完治を目指す医学モデル，主任ケアマネージャー，保健師，社会福祉士らが要介護支援者の現状維持を重視する生活モデル，自治体職員のケースワーカーが目標とする生活／自立モデルのなかにあるだろう。

　自治体職員が直営で生活支援を担う場合には，自治体職員の事務業務との兼ね合いも問われることになる。2018 年の改正生活困窮者自立支援法では，就労準備支援事業と家計改善支援事業の実施に際して努力義務が明記され，相談員はさらに相談者の生活に介入することになった。地方自治体には，地域のニーズと地域資源を把握し，十分活用しながら，域内の分業体制（連携・協働）を構築することが求められており，恒常的に公務員の人員削減がすすむなか（前田 2014），職員らの負担軽減も同時に目指さなくてはならない。

　そのためには，関係する自治体職員すべての遂行能力の底上げが必要であ

る[11]。相談業務や支援活動などの社会福祉業務能力を新たに身につけることは，事務職員の能力拡張としては無理があり，現実的ではない。地域福祉計画の策定（地域の実態とニーズの把握）と事業運営側として専門家や諸組織の間に入り，連携やつなぎの担い手としての役割が最低限望まれる。

11）もちろん，社会福祉士の資格保持者・保健師等の採用という方法もある。

第 4 章

狭間へのアプローチ
—政策研究としての質的調査の課題—

　第 5 章〜第 7 章では，生活保障にリスクを抱える層に対して 2017 年以降に収集した調査データに基づく分析によって，支援と支援ニーズの実態にアプローチをする。現在の生活保障に問題が生じるのは，従来の雇用と社会保障では，「老齢」，「疾病」，「障害」，「失業」という要保障要件の問題だけでなく，近年社会問題化している子育てや格差などに十分に対処できないからである。

　第 4 章では，分析に先立って，この層にアプローチするための調査分析法について整理をおこなう。前半では，社会調査（質的調査と量的調査[1]）の近年の変化について触れ，生活支援における政策の役割を念頭に，政策研究としての質的調査の可能性について言及する。後半では，第 5 章から第 7 章で取り扱う調査データについて，データの収集方法と調査法・分析法において実施したいくつかの試みと改良点について整理をおこなう。

1. 質的調査から量的調査へ

　社会調査データには，大きく量的な調査と質的な調査という区分がある。日本の社会科学において，二つの調査方法はしばしば個別の研究体系をもち専門特化したことで，近年は，相互に交わることが少なくなってきている[2]。

1）本章では，質的（な）調査と量的（な）調査という用語をもちいる。定性的研究・定量的研究，質的研究・量的研究，質的データ・量的データなどと同じ意味であるが，引用する文献によってはその文献の用語を用いる。

2）たとえば，下田平編（1989）では，量的調査が一部に限られていた 1970 〜 80 年代には，フィールド・ワーカーが業務としてアンケート調査を実施する事例が紹介されている。

　こうした動きに対して，それぞれのもつ欠点を補うために，抽象度を高めて両者の分析結果の橋渡しをする混合調査法（Mixed Research Method）を採用する場合と，ケース・スタディにおいて研究目的に応じて両方の手法を位置づけなおすことがある（盛山 2004）。後者の手法をとることは例外といえるため，量的調査と質的調査を用いる場合は，集めた情報を相補的に分析に活用しているのが実態であろう[3]。一つの体系の中に，二つの調査法が適切に位置づけられているのではない。

　日本の社会調査において生じる，量的調査と質的調査の個別化の原因について佐藤（2019）は，社会調査の主な担い手であった社会学者においてさえ，社会科学の創始者の 1 人であるウェーバー方法論の理解が不十分であったことを示唆している。

　佐藤によると，ウェーバーは，分析哲学に基づく因果分析の手続きを，事例研究と量的調査への応用へと展開し，社会科学の枠組みを形作ったことで欧米では知られるという。ところが，日本の社会科学—特に社会学—においては，ウェーバーの量的調査への貢献が認知されておらず，欧米の社会科学とは異なり，独自の発展をしたという。

2.　日本における調査の特徴

　戦前から「国勢調査」を実施してきた日本では，行政のおこなう統計調査は充実しており，戦後は弱者救済の観点から，東京大学社会科学研究所などが，当時は脆弱だった企業・労働問題に関する学術的・量的な実態調査を実施してきた（労働調査研究会編 1970）。

　質的調査というと，戦前期から農民の離村や都市形成，貧困など社会移動に関するフィールド・ワークなどが地域の実態解明に貢献してきた。質的調査は，調査対象者と直に会って，インタビューや観察をして，可能な限り多くの情報

3）盛山（2004）は，社会的世界を「解釈的に探究するという点において，統計的研究も質的研究も同じであると考えている」（p. 271）とし，研究者みずからの探求が「同時にほかの人々にとっても探求する意義のあることになっているだろうかということを，常にみずからに問いかけ続けるべき」（p. 272）と指摘する。

を引き出し，問題関心に応じて観察・記述し，分析を行うのが主流となっていた（Geertz 訳書 1987）。

　同じ時期の量的調査のデータ分析は，多くが大学の大型コンピュータの計算機能によって担われるようになり，施設の整った大学や研究所に勤める限られた研究者が調査を実施するようになった。その一方で，量的調査の多くは，刊行した官庁統計の数値をもとに，分析の目的に応じて入力・加工することが主な手続きであった。独自におこなう量的調査は研究費の面で実施のハードルが高く，その利用はさらに限られていくようになる。

　1990 年代に入ると，学術研究における質的調査と量的調査のバランスは大きく変わってくる。コンピュータの基本的操作がマウス操作（GUI）により代替され，汎用的な統計ソフトの開発・普及がすすんだ。日本語機能を搭載した統計ソフトがその機能を引き継ぐ性能を装備し，パーソナル・コンピューターで大量データを取り扱えるようになる。

　2000 年前後になると，大学レベルで実施した社会調査の二次利用の途が開かれた（佐藤・石田・池田編 2000）。欧米の研究環境に倣って，2000 年前後に大学研究者の量的調査の二次利用のインフラが整い始めたのである。さらに2007 年の統計法の改正[4]では，国レベルの量的調査の利用環境が変更になり，基幹統計・一般統計などの官庁統計の二次利用が法的にも認められるようになった[5]。このようなリソースの開放は，調査の企画・運営をしなくても量的分析により実証研究を実施する環境を広汎に整えることになっている。

　統計ソフトの市場化・パーソナル化に加えて，海外の大学院で統計を学んだ研究者の招聘・採用などを加えて教育研究環境は一変し，増大する大学院生を中心として，二次利用は着実に拡大している。

　質的調査においても分析ソフトの開発・利用は拡大しているが，扱う分析手

4）同時に，統計報告調整法が廃止された。指定統計・承認統計の枠組みから，基幹統計・一般統計へ組み換えが 2009 年 4 月に全面施行される。2018 年には，「統計法及び独立行政法人統計センター法の一部を改正する法律」の施行により令和元年 5 月からは，提供を受けた者の氏名・研究成果等の公表が義務付けられるものの，学術研究を目的とした調査票情報の提供が可能になっている。

5）「統計法及び独立行政法人統計センター法の一部を改正する法律」（平成 30 年法律第 34 号）の施行により，令和元年 5 月 1 日から学術研究の申請に対して，詳細な公表義務を前提に，調査票情報の提供が可能になっている。

法・考え方は多様化し，それぞれが独自の体系をもつようになっている。地域や学問領域によって時間差はあるものの，学術雑誌に掲載される論文傾向は，質的調査から量的調査へと趨勢は変わっている（George and Bennett 訳書 2013など）。

3.　調査を取り巻く新たな問題とエビデンスに基づく政策研究（EBPM）

　データの分析基盤の整備が進む一方で，社会調査は，2つの課題を内包したままであった。一つは，すでに記したように，量的調査と質的調査が個別の学問体系をもち続けていることとである。もう一つは，近年注目されている，エビデンスに基づいた政策研究における社会調査の位置づけという問題である。これら2つの問題には，量的調査—あるいは数字—への偏重が基底をなしている。

　1990年代の後半以降，アメリカの政治学では，量的調査と質的調査の調査法・分析法において，両者の統合に向けた論争が生じた（King, Keohane, Verba 訳書（2004），Brady and Collier eds. 訳書（2014），George and Bennett 訳書（2013））。焦点は，King ら訳書（2004）のいう，因果的推論や記述的推論をおこなうための統一的なアプローチとして，定性的研究者（質的調査研究者）に推論の手続きの共有と観察数を増やすことを求めたことである（pp. 1-32, pp. 247-272）。

　他方で，日本の社会学では，質的調査において，調査者と調査対象者の間で生じた成果利益への埋めがたい断絶と，調査対象者から調査者への批判が生じたことを巡って，量的調査の研究者から，質的調査に対する倫理的な疑義が提示されたのである（山口 2003）。玉野（2003）は，一部の日本の質的調査がラポールを過度に依存し，科学としての社会調査の確立に応えてこなかった部分があることを認めている。

　どちらの例も，玉野が指摘する「科学としての社会調査」の確立とその受容により，量的調査と質的調査の相互理解が進むことが条件のように思える。論争の原因のひとつは，量的調査に対する過度の信頼であり，以下に示すように，

近年のエビデンスに基づいた政策研究（Evidence based policy Making，以下，
EBPM とする）にもこの影響にみることができる[6]。

3.1　EBPM と社会調査

　内閣府（2020）では，EBPM を「政策の企画をその場限りのエピソードに頼
るのではなく，政策目的を明確化したうえで合理的根拠（エビデンス）にもと
づくものとする」と定義づけをする。EBPM の元になるのは，「政策効果の測
定に重要な関連を持つ情報や統計等のデータ」となっている。

　総務省が平成 30 年に刊行した「EBPM（エビデンスに基づく政策立案）に関
する有識者との意見交換会報告（議論の整理と課題等）」では，報告書の冒頭で，
これまでの政策立案について，次のように指摘している。

- これまでの我が国の政策決定においては，局所的な事例や体験（エピソー
  ド）が重視されてきたきらいがある
- 過去の「慣行」で行われてきた政策は，本来の政策目標達成のため実効性
  に欠けるものが多い（総務省（2018），p. 2）

　この意見交換会では，「エビデンスの形成は，社会科学の専門性を取り入れ，
十分なデータと厳密な方法に基づき，政策オプションの効果や費用を分析する
ことが重要であるとの認識が示された。」（p. 2）という。このことを踏まえて，
「定性的な分析によって得られるエビデンスもあり得る」（p. 2）と，エビデン
ス形成には質と量双方からのアプローチがあることを認めている。

　報告書の後段においても，「エビデンスとしては定量的なものだけでなく，
定性的なもの（海外も含む文献調査，関係者からの聞き取り等）も同等に重要性
があると考えられる。」（p. 9）ことと，「常識を疑う」，「目先を変えて問題設定
を行う」，「国際比較から問題をあぶり出す」など，行政経験の幅や広さが問わ

6）もともとエビデンスは，1990 年代の初頭，医療実践における患者への医師の意思決定をより良
　いものにするために用いられたが，その後医学的証拠の活用に重点を置いた手法として普及してい
　る。医学のような臨床分野においても，エビデンスにより医療行為をマニュアル化する方向に進む
　など，誤解も生じた。

れることは多いが，それらは必ずしもデータと統計だけから生まれるものではないことに留意する必要がある。」（p. 9）という質的調査（定性的研究）への配慮を示す指摘もある。

　しかし，「エビデンスは，決して数字でなければならないわけではない（数字でなければ科学的ではないというわけではない）が，数字は言葉より解釈の幅が狭く，ゆえに齟齬が少ないものであるので，最もしっかりしたエビデンスは数字で示されるものと考えられる。」（p. 7）ことを強調し，政策決定におけるEBPMは，数量化したデータにもとづいたものであるという整理をしている。

　社会保障を所管する厚生労働省のEBPMの議論は，内閣府や総務省，RIETIなどとは文脈が異なっている。2018年12月13日に厚生労働省は，統計委員会委員長と総務省との打ち合わせにおいて，毎月勤労統計調査に係る統計法違反などを含む不適切な扱いが，2004年以降おこなわれていたことを報告する。EBPMの議論は，その不祥事を踏まえて実施された厚生労働省内の統計改革においてなされており，統計データの正しい取り扱いとの関係でおこなわれたものである。当初より質的（定性的）データの取り扱いについては議論されていない。現段階においては，EBPMといってもそれぞれの省庁の対応は一致しているとはいいがたい。

　もともと，行政官側からみた政策形成は，省内の自発的発議から「創発」し，情報共有がおこなわれて「共鳴」し，上層へと段階的に「承認」する手続きがとられ，「実施・評価」へと移行する方法がとられている（城山・鈴木・細野編1999）。「局所的な事例や体験」がどの程度のものかはエビデンスがないので不明だが，近年のEBPMの動向からは，官僚による「創発」「共鳴」「承認」システムが「局所的な事例や体験」で「実効性に欠けるものが多い」（総務省2018，p. 2）と一蹴されたことは間違いない。

　主だった省庁では，統計法に規定される基幹統計（計53）・一般統計を実施し，継続することで政策立案の根拠となる基礎資料を得ているはずだが，そのこととの関連への言及はなく，創発・共鳴・承認を省略して，量的調査のデータで代替しようとするものかもしれない。

　行政側の量的調査の偏向と一線を画す政治学の分野では，政策は合理的選択

や根拠の積み上げでは決まらない側面が強調されている。たとえば，宮本（2019）は，「学術研究に基づいて政策をつくっている国っておそらく1つもない」（p. 350）と指摘し，「問題の流れとアイデアの流れと政治の流れがパチスロの窓のように3つそろう，あるいはごみ箱の中に全部入る」（p. 350）ときに動き出すと指摘し，この3つを動かすために調査が重要な役割をはたすと指摘し，必ずしも根拠になるとまでの認識を示しているわけではない[7]。

　宮本の指摘するポイントは決してユニークなものではない。政策過程研究における理論的基礎を築いたとされる Kingdon 訳書（2017）が1984年に刊行されて以降，政治学では，合理的選択としての政策はないわけではないが，まれにしかないことに一定のコンセンサスが得られている。

　日本の行政における量的調査の偏重と質的調査の軽視への懸念から，われわれは次のような問題に対処する必要がある。それは，①統計調査の調査票設計における想定外の問題，②量的少数派の問題，③質的調査データ分析結果の軽視，重要な政策課題の見過ごし，④行政における社会的排除である。これらに対処するためには，生活リスク層に向けて調査を実施し，統計データではまだ把握できていない支援ニーズや相談者の情報を，質的調査のアプローチを用いて更新しつづけることも必要不可欠な手続きであることをあらためて指摘しておきたい。

4. 政策研究志向と社会調査

　ここでは，以上のような社会調査の課題を念頭に，生活困窮者自立支援相談窓口で実施した相談者調査（調査1）と，就職氷河期世代の支援ニーズを抽出するために実施したフォーカス・グループ・インタビュー調査（調査2）について記すことにする。第5章から第7章の分析では調査1を使用し，調査2は，第7章においてのみ用いる。

7）「調査，学術研究，政策ではなくて，調査，問題発見，アイデア，そして政治，そして政策という，こういう連関で考えるのがリアル」（阿部他 2019, p. 350）であるという。

4.1　生活困窮者支援窓口調査

　一つめの調査（調査1）は，国立社会保障・人口問題研究所が，全国の自立支援相談窓口（2017年4月時1,282事業所[8]）に相談に訪れた相談者（いわゆる失業者，無業者，生活困窮者，生活保護受給者など）に対して実施したものである（図表4-1）。

　調査期間は，2017（平成29）年の6月9日から同年9月30日の期間であり，相談者に対する調査票の配布は，相談窓口の相談員から調査趣旨の説明を受け，相談者がその趣旨を了承した場合のみおこなっている。調査票への回答は相談者の自記式でおこない，封緘・投函も相談者本人でするように依頼した[9]。

　調査票は，A4裏表1枚に，11の項目で構成している[10]。項目数は，生活に不安を抱える相談者の時間的余裕を考えて，属性を含む最小限のものとした（本書 pp. 146-147に添付）。最終的に回収した調査票数は，1,698（9月30日までの回収は，1,452）票であり，配布数8,974（1事業所あたり7票）の18.9%であった。回収した調査票のすべてが有効な調査票であった[11]。

　調査票の項目は，相談窓口を知ったきっかけ（問1），相談経験（問2），相談内容（問3），受けている支援（問4），属性（問7：性別，年齢，同居者，婚姻状況），現在の健康状態（問8），仕事（問9），生活保護受給について（問10），困窮度合（問11）に，本分析の対象となる相談窓口に対する評価（問5・6：自由記述）である。

　また本調査票は，相談者の2つのタイプを考慮して配布をお願いしている。それは，相談窓口での対応が終了した（具体的な支援の実施により相談内容が解決，あるいは具体的な支援先への同行・紹介による受け入れ完了など）「終結」者と，

8）2018（平成30）年度（8月1日現在）では1,323箇所，2019（令和元）年度（1月1日現在）では1,316箇所である（https://www.mhlw.go.jp/stf/seisakunitsuite/bunya/0000073432.html）。

9）調査票，返信用封筒，記入要領（調査のお願い）一式を相談者に渡し，相談員用の調査のお願いには，投函可能な郵便ポストの位置情報の提供をお願いした。

10）調査票の項目は，事前に相談窓口について相談者の評価を収集しているかを確認し，提供を受けたすべてのフォーマットの項目を参考にして作成した。なお，調査期間中に対象者が表われない場合，たとえば，相談支援が終結し，就業が決まる対象者が生じない場合には調査期間終了後に調査票の破棄をお願いした。

11）この調査分析において，基本的には回収率は意味をもたない。

図表 4-1　自立相談支援窓口の相談者意見の配布と収集

配布期間	2017 年 6 月 9 日から 2017 年 9 月 30 日
配布対象者	自立相談支援機関の相談窓口に来訪した方
配布数	全国 1,282 カ所，各 7 枚（計 8,974 名分）
	（終結した者 4 名，新規・継続の者 3 名分）
返送方法	自記・自封後に投函
返送数	1,698（9 月 30 日時点で 1,452）票

注：西村（2018）p. 158 より

　初めて相談窓口に来訪した相談者と現在も継続して支援中である「新規・継続」者である[12]。各相談窓口には，「終結」4 枚，「新規・継続」を 3 枚送付している。

　なお，本調査は，国立社会保障・人口問題研究所が一般会計研究事業に申請して受託した「『一億総活躍社会』実現に向けた総合的研究」（2017（平成 29）年）に基づく調査研究事業の一部を構成している[13]。そのため，文部科学研究費あるいは厚生科学研究費などとはことなる本調査データの使用条件についてここで明記しておく必要がある。

　国立社会保障・人口問題研究所は，厚生労働省の施設等機関であり，統計法（2009 年）の定める行政機関である。これらの機関では，統計の作成には総務大臣の承認を得る必要がある（統計法第 19 条）。

　本調査は，同一相談窓口に計 7 部の調査票を配布しつつも，分析・結果の分析・公表においては，当初より統計的な処理をおこなうことを目的としていない[14]。第 5 章から第 7 章において確認できるように，自由記述の近似性による評価の集合化を手作業で実施し分析に使用している。調査の目的は，まだ施

12）これらは，相談者に調査票を配布する前に相談員が記載（○）するもので，最終的に相談者がどちらのタイプに所属するのかは，相談員の判断に任せている。この指示に対しては，相談員からの問い合わせも多かったので，改善が必要である。
13）付表 1 を参照。この他にも年齢と正規・非正規を考慮してグループ化した 5 グループ（各グループ 5 名×3 政令指定都市の計 75 名で構成される）で実施したグループ・インタビュー調査を実施している。詳細は西村（2018）を参照。
14）本論文で使用する調査データは総務大臣の許可を得る手続きが不要となる。

行後 2 年しか経過していない相談窓口の実態についてユーザーサイドから多様な評価を主に自由記述で収集しようとするものである。どのような評価があるのかを確認し，可能な限り一定の基準で相談における評価の分類・整理することが目的としている。

　支援ニーズは，回答を得た標本から，章構成に併せて 3 つのグループに分けて分析をおこなっている。第 5 章で取り扱う一つめのグループは，高齢男性単身者（60-69 歳，70 歳以上）とその参照グループとして 50-59 歳の男性単身者である。第 6 章で取り扱う二つめのグループは，女性の単身者（20-35 歳，36-45 歳，46-60 歳）と女性のひとり親世帯（35 歳以下，単身，子あり。以下，シングル・マザー）[15]である。第 7 章で取り扱う 3 つめのグループは，就職氷河期世代（36-45 歳）である。ここでは，男女と正規・非正規を比較して分析している。

4.2　就職氷河期世代の支援ニーズ調査

　二つめの調査（調査 2）では，フォーカス・グループ・インタビュー法を採用している。この調査では，中年期を迎えた就職氷河期世代がもつ，現在の支援ニーズについて実態を把握し，そのうえであらためて支援のあり方について検討をおこなうことを目的としている。

　はじめにフォーカス・グループ・インタビュー法（以下，FGIM とする）について説明をおこなう。FGIM は，もともとフォーカス・グループ・ディスカッション法（以下，FGDM）を調査目的に応じて応用したものである。

　FGDM とは，「あらかじめ選定された研究関心のテーマについて焦点が定まった議論をしてもらう目的のために，明確に定義された母集団から少人数の対象者を集めて行うディスカッション」（Knodel et al., 1990）するなかで調査する方法で，その特徴は以下の 5 つになる。

　①少人数（通常 6 〜 12 人）の参加者を集めたインフォーマルなグループを形成し，選定されたトピックについて話し合いを行う。

15）男性のひとり親の回答は極めて少ないので，ここでは分析をおこなっていない。

図表 4-2　集団インタビュー，フォーカス・グループ・ディスカッション／
　　　　　インタビューの相違点

集団インタビュー	フォーカス・グループ・ディスカッション	特性別フォーカス・グループ・インタビュー
質問紙	ガイドライン	3つの部分的に重複する質問
定型回答	自由回答	自由回答
事実	意見	意見
面接者	モデレーター	モデレーター
わずかな集団力学	かなりの集団力学	かなりの集団力学
補完的専門性をもつ参加者の選択	重要な属性について同質な参加者の選択	重要な属性について同質な参加者の選択

注：図表は，*Knodel et al.* 1990 を引用した千年・阿部（2000）の表1（p. 58）に，フォーカス・グルー
　プ・インタビューの特質を付加して筆者作成

②グループは，研究テーマに関連する属性・知識・特徴を持つ比較的均一な
　属性の個人を選定する。

③モデレーターが，用意されたガイドラインに沿って質問し，討論の進行役
　を務め，また参加者同士のディスカッションを促す役を担う。

④FGD の目的は，設定されたテーマに対する参加者の感情，態度，考えな
　どを引き出すことである。

⑤FGD は母集団に一般化可能な量的な情報を得ることを目的としない
　（Vaughn et al., 1996）。

　図表 4-2 は，3つの調査法（集団インタビューと FGDM，FGIM）の相違点を
整理したものである。集団インタビューと FGDM との相違点は，調査方法
（質問紙か，ガイドラインか），回答方法（定型か，自由か），調査内容（事実か，
意見か），グループ内の想定される効果（わずかな集団力学か，かなりの集団力学
か），対象者選択（補完的専門性をもつ参加者の専門か，重要な属性について同質
な参加者の選択）といった5つの項目について相違がある。

　FGDM とわれわれが実施した FGIM には，調査方法（ガイドラインか，3つ
の部分的に重複する質問）にも違いがある。この調査方法の相違の意図は，調
査2では参加者のグループに幅広く意見出しを求めるのではなく，調査側の意

図表 4-3　調査参加者のグループ属性

調査地区：　　東京 23 区，東京 23 区外，京都市，仙台市[*1]
20-35 歳の正規就業者　男女[*3]
20-35 歳の非正規就業者　男女[*4]
36-45 歳の正規就業者　男女[*3]
36-45 歳の非正規就業者　男女[*2, 4]
46-60 歳の正規・非正規就業者　男女

＊1　2017 年は仙台市を調査地区に含まない
＊2　2018 年は既婚と未婚を分けて調査している
＊3　厚生年金加入者のみ
＊4　国民献金加入者のみ

　図に沿った意見出しのために調整を行うことにある。目的とするテーマに対する意見出しをできるだけコンパクトに収集するために，あらかじめ関連する 2 つのテーマについて意見出しのセッションを実施したうえで，主要テーマの意見出しのセッションを実施した。1 つめと 2 つめのセッションに出た意見の中で，3 つめのテーマにも同様の意見が出てくる可能性があるが，調査の結果，ほとんどみられなかった。直接関係の薄い意見もこの手続きによって排除することができる。ただし，FGDM と FGIM の違いは，以下にみるように，調査方法だけには限らない。

　FGIM のグループ参加者は，居住自治体の規模，年齢と就業状態においてコントロールされている（図表 4-3）。居住自治体は，特別区と政令市（特別区との比較を考慮して東京都内の特別区以外を 23 区外と設定）を対象とし，居住自治体の規模は大きい。年齢は，2017 年時に就職氷河期にあたる 36-45 歳を中心に，それより若い層の 20-35 歳，年配層の 46-60 歳に分けている。重要なのは，自営業・自由業者を除いた正規雇用者（厚生年金加入者）と非正規雇用者（国民年金加入者）に分けている点にある。各グループの構成は男女 5 名とし，かならず 2 名は同性となるように指示をしている。2017 年は計 75 名，2018 年は 120 名が調査に協力している[16]。これら同質性の高い集団構成は，共感の高さ，話しやすい雰囲気を作りやすく，意見出しを促進すると考えられている。

　他方，このようなインタビューでは，発言力の強さ（常識的・声の大きさなど）がグループの意見を強い意見に引き寄せることが懸念されている。強い発言同士の衝突も含めて，その集団が 1 つの強い発言にまとまる可能性があるとされている。一般に，FGDM では意見を深掘りして未知の情報を引き出すなど調査の精度を高める役割をはたすモデレーターに対して，意見の衝突や特定の意見に偏ったままインタビューが進行しないようにモデレーターの役割を制限して，インタビュー中のディスカッションを排除し，意見出しを実直に進行する役割をモデレーターに求めて調査の精度を高めることを選択している。同時に，意見出しのプロセスにおいては，大きなメモパッドに書き出しをする記録者を配置し，意見のテキスト化を実施したうえで，ホワイトボードに添付して特定の発言の強弱の排除をしている。

　「意見出し⇒書き出し⇒ボードへ貼り付け」という手続きを繰り返し実施することで発言の脱個人化（誰が発言したか，どのよう発言したかなどの影響の除去）をおこなった。テキスト化された意見は，意見出しがある程度終了した後に，参加者グループ内で近似性・同質性の高いテキストを集める作業を実施し，その集まったテキストの特質に合わせた新しい名前が付与された。繰り返しその手続きを実施した後，おおよそ 3 〜 5 つくらいの集合体にまとめる作業へと帰着する。帰着した集合には，参加者により名前が付与され，テーマごとに自分たちのグループ内の優先順位を決定するよう求めた。

　支援ニーズは，予め回答が予測できる構造化された調査票を用いたのでは，潜在的なニーズを把握できないことを考慮して，以下のように，3 つのテーマを設定している。

1 ：老後を含めた将来への備えに対する支援，
2 ：医療・介護などの健康に対する支援／結婚・出産・育児の前後で欲しい（欲しかった）支援，
3 ：働く前と働いてから必要（だった）と思う支援

16）なお，調査対象者の選定・採用，モデレーター・記録者の雇用に関しては，LEC 東京リーガルマインドに委託している。

　この手順は，3つのテーマそれぞれに実施され，最後に3つのテーマ全体の優先順位をつけるまで続けられた。これらの手続きでは，調査実施者（モデレーター，調査代表者，分析者などを含む）の主観が調査プロセスに介在しないように丁寧にルーティン化したのである（西村 2019）。

　意見出しのワーディングに始まり，類似のテキストの集合化，集合化したテキスト群の特質に関して名称づけ（ネーミング），所属する集団の生活に必要な優先順位の順位付けも参加者たちの決定による。調査者とモデレーターは，この結果へと至るプロセスに手助けをしたに過ぎない。ネーミング・順位付けはグループの参加者の全員の合意のもとに成立している。

　この手続きから得られたデータに基づき，われわれは少なくとも2つの分析が可能である。1つは，参加者によって整理された順位をそのまま記述分析することである。2つめは，整理されたデータに基づいて解釈を加えて分析を行うことである。

　いくつかの質的調査は，データの収集の段階から調査者・インタビュアーの主観的な側面の排除をせずに，客観性を担保することを要求されてきた。調査者の個人能力（熟達・熟練）に過度に依存し，調査データの収集から分析まで一貫して主観的な側面が介在することを排除できなかった。そもそも質的調査における主観と客観の線引きは曖昧なものであるため，今回の調査手続きはモデレーターの位置づけをできるだけ制限することに配慮して調査側の主観が介在しない（介在しにくい）意見収集を心がけている。

　なお，本分析で用いた図表は，上記の2つの調査（調査1と調査2）に基づいて作成されており，作表に際して基になったデータは，国立社会保障・人口問題研究所の所内報告書として一般に公開されている。

第Ⅱ部　さまざまな支援ニーズの分析

第5章

高齢男性単身者の生活と生活不安と課題

1. 高齢男性単身者の支援ニーズ

　本章で取り扱う高齢男性単身者は，日本社会が抱える2つの構造問題—高齢化と単身化（単独世帯化）—が象徴的な問題として顕在化したものである。ゆっくりと確実に増加しているため，その改善には多くの時間と労力が求められるだろう。

　人口の高齢化は，すでに多くの研究が指摘するように，出生率，死亡率，人口移動率という3要因の変動の結果として生じる。平均寿命の長寿化や，合計特殊出生率の低下などは典型的な指標である。近年，高齢者を支える担い手である若者世代の絶対数が減少傾向にあるなか，マクロレベルでは現役世代が高齢者を支えるという仕組みのため，担い手の負担が大きくなってきている。

　単身者（単独世帯）の増加は，身近な支え合いが脆弱であるか，支え手がいないため，困難が生じたときに生活保障が担保されなくなる。マクロとミクロの両面において生活保障に負の影響をもたらしている。単身者の問題がとくに高齢者で注目されているのは，個人の行動が加齢により抑制され，また家族や親族，社会の連携から排除されやすく支援を受けにくいと考えられている（斉藤 2018）ためである。

　高齢化と単身化（単独世帯化）は現代日本社会の長期的な傾向となっており，すぐには身近な家族による支えが期待できないため，地域や国による支援が求められている。社会的リスクが高いと認められる層の支援ニーズの解明は，支

援制度にとっての情報基盤でもあるため喫緊の課題となっている。

　第5章では，多くの研究蓄積があり，そのリスクが高いことが明らかになっている高齢男性単身者について，実施した調査にもとづいて分析をおこなう。高齢男性単身者が相談窓口でどのようなニーズを吐露しているのかをわかりやすく明らかにしたい。

　調査は，生活困窮者自立支援制度における相談の実態を把握するために実施した相談窓口における相談者調査（調査1）である。調査は，2017年4月1日現在に把握されている全国のすべて相談窓口（1,282か所）に対して，6月9日から9月末までに実施した。各相談窓口には7名分の調査票の配布を依頼し，相談者が調査票を自記自封し投函している。最終的な返送数は1,698票であった。詳細は第4章を参照していただきたい。

　ここでは，とくに高齢男性単身者（60-69歳と70歳以上の2グループ）を中心に分析するが，比較参照グループとして，50-59歳の男性単身者の結果もあわせて検討する。男性単身者がどのような相談内容をもち，どのような支援を受けた（受けている）のかを中心に検討を行うと同時に，利用者から今後の相談業務の課題を抽出することをめざしている。

　比較参照の手続きの結果について結論の一部を述べると，50-59歳の男性単身者は，60歳以上の高齢男性単身者の予備軍であるが，かれらには就業機会以外の制度は脆弱・手薄であり，現役世代である50-59歳の生活が保障されているとはいいがたい。年金を中心に社会保障の支援が比較的手厚い高齢者に比べると，50-59歳層は，支援の中心は就職支援になっており，雇用が二極化し脆弱になるなかで，支援後も生活保障は難しく，年齢がより高くなる前に，継続的な定着支援と同時によりよい機会獲得のための支援を検討する必要がある。

2. 単身化（単独世帯化）と高齢化の複合問題と支援

　高齢男性単身者には，現代日本が抱えている，高齢化と単身化（単独世帯化）という人口・世帯形成の長期的な動向が結束している。そして，2つの動向は，近年，社会的孤立問題として顕在化している。

　社会的孤立は，人口移動の都市集中，人口の高齢化，単身者・単独世帯の増加，未婚化（婚姻の遅延を含む），就業の不安定化による親への経済的依存・同居の長期化などにより，社会への参加が損なわれることをさしている（斉藤2018）。

　それぞれが社会への参加を妨げる重要な要因であるが，石田（2011）は，社会的孤立と関係の深い，孤独との対比から孤立を「行為者にとって頼りにする人がいない状態」と定義している（p. 73）。石田は，「孤立は客観的状態，孤独または孤独感は主観的状態と判断されることが多い」（同，p. 73）と先行研究を整理する。そして孤立を「人間関係を喪失した状態」（同，p. 73）として位置づけ，孤独（感）を「人間関係の欠損または消失により生じうる否定的な意識」（同，p. 73）とした。すなわち，石田は孤立を孤独に先行する状態と位置づけることで，背反する条件（本人にとって好ましくない人間関係であるが，人間関係がそこにあるために孤独ではない，と判断される可能性）を考慮して，「頼りにする相手がいない状態」（p. 73）を孤立として分析に用いている[1]。

　高齢者の社会的孤立について斉藤（2018）は，「生涯未婚率の増加や長寿に伴う寡婦期間の長期化，核家族化[2]を背景にした高齢者自身の独居志向の高まりなどによって，「高齢者の独居（単身）世帯が急増している」ということを指摘している（同，p. 55）。国立社会保障・人口問題研究所（2018）においても単身化（単独世帯化）化の影響は確認できる。男性の単独高齢世帯では，さまざまな場面ごとに「頼れる人」の存在を確認すると「いない」と回答する割合が高く，また日常的な会話頻度が「2週間に1回以下」が15.0％おり，これらは他の世帯と比較してとくに高くなっている（pp. 9-12）。

　高齢者が，生活保障において社会的リスクが高いことは以前から広く知られている事実である。たとえば，貧困研究で著名なイギリスのタウンゼントは，1950年代から高齢者の生活問題に注目しており（Townsend 1957），その学問的系譜は現代までつながっている。近年では，地域の支援体制やネットワーク

1）この定義によっても，石田（2011）は「客観的状態」については，留保をつけている。社会的孤立の定義は，それ自体長い論争の歴史をもっている。

2）盛山（1993）は，核家族化の測定の意味に疑義を示す。

の観点からも，高齢者の社会的孤立・孤独による社会問題への注目が集まっている（斉藤 2018，中田 2020 など）。地域の高齢者福祉の観点からも，社会参加，健康維持，居住地・住宅問題などの高齢問題は多岐にわたっている。

　高齢化が老後の生活保障において及ぼす影響はとくに顕著であり，社会科学はこの問題と少なからず関わってきたといえる。高齢期の生活基盤になる年金は，誰もが同じ額を受け取れるのではない。この単純な事実から，格差是正が求められ，生活保障のために社会保障は改革をつづけてきているといっていい。

　老後の経済格差は，同世代間だけではなく，全世代に与えるインパクトも大きい。大竹（2005）は，ジニ係数という指標を使って，5 歳ごとの年齢グループの所得格差の比較をし，格差が年齢の上昇とともに大きく広がり，定年後にもっとも大きくなるという事実を明らかにした。日本社会の不平等の拡大には，人口の高齢化の寄与分が大きく，それが全世代に影響を与えているのである。

　藤森（2010，2016，2017）は，単身世帯の急増という人口構成の問題に対して，時系列・国際比較など多面的にアプローチをおこなっている。国際比較においては，日本の単身者は「経済的には困っていない」と回答するものの，貯蓄や資産が少ない低所得層の割合が高く，「頼れる人」がいない割合の高さも高いという。藤森（2017）は，単身世帯がもつ問題として，同居家族による生活サポートと社会的孤立の 2 つへのリスク対応が弱いことを指摘している。家族機能が希薄化するなかで，社会に対して「支え合い」機能を高めることが必要だという。

　単身世帯の拡大は，人と人の関りが隔絶された無縁社会の到来を予期するものまで幅広い社会問題を引き起こす可能性があり（橘木 2010），高齢者の見守りや，別居高齢家族の介護など，現実にわれわれはすでにその影響を受ける当事者となっている。

　高齢男性単身者には，高齢化と単身化（単独世帯化）という 2 つの問題が結束している点で現代的な問題といえる。高齢者における内外の社会的孤立研究を整理した斉藤（2018）は，「家族やコミュニティとほとんど接触がない（客観的に交流が乏しい）」状態を社会的孤立といい，「仲間づきあいの欠如・喪失に伴う否定的な感情」である孤独感とは区別した。そして，社会的孤立の「深刻

な孤立状態」は高齢者の概ね 2 ～ 10％程度，「孤立しがちな状態」を含めると 10 ～ 30％程度が該当する（pp. 21-24）とした。

　そのうえで，孤立は人との交流が乏しいことにとどまらず，生活上の問題に関わっているとして，孤立しやすさに関する内外の研究を整理して，「男性の方が，より高齢な人の方が，未婚や離別経験者の方が，子どもがいない人の方が，低所得の人の方が，社会経済的地位の低い人の方が，身体的・精神的に虚弱な人の方が社会的孤立に陥るリスクが高いこと」（pp. 184-185）を明らかにしている。

　石田（2011）や斉藤（2018）をはじめとする近年の動向をみても，社会的孤立の定義づけについては，学問的に定まった定義はない。そのため，高齢者の生活問題と単身化（単独世帯化）の影響を個別に追究する研究もある。西村（2020）は，社会関係の希薄化が高齢者ほど高まる事実を確認し，会話人数の減少が高齢者の社会関係の希薄化に影響を与えていることを示している。小林（2016）は，高齢者の長期縦断調査の結果から，近年ほど男性高齢者の社会関係が収縮して男女差が拡大していることを明らかにしている。社会関係が希薄化し収縮するなかで，斉藤（2016）は，孤立している人に支援の手が届いていないことを指摘し（p. 185），アウトリーチや地域の見守りによる包摂を提起する。地域の生活支援については，高齢者に限らずアウトリーチが重要であることは，第 3 章においても整理している。

3.　相談窓口の利用者の評価

　高齢者の社会関係は希薄になっており，とくに男性において関係の収縮が進む傾向がある（樽川 1989，西村 2020）。地域の困窮状態にある高齢者とその予備軍においては，さらに社会関係の低下が予想されるが，支援ニーズの実態解明はこれまでおこなわれていない。そこで生活困窮者の実態を解明するために，全国の生活困窮者自立支援窓口で実施した調査データから，高齢男性単身者（60-69 歳と 70 歳以上）と 50-59 歳男性単身者を取り出して分析をおこなった。ここでは加齢による違いの検討を含んでいる。

3.1　自由記述の整理と分析軸の設定

　本分析が対象とするのは，第5章から第7章まで共通の設問である，問5の
「支援を受けて，①あなたの気持ちはどのようですか。②とくに助かった支援
など率直なご意見をお書きください。」と，支援窓口の相談員の対応について
確認した，問6の「①職員のマナー・配慮・気配り，②知識・説明の的確さ・
わかりやすさ，③おかれた事情を受け止められた，と感じましたか。」の2つ
の自由記述欄の回答である。

　回答の傾向として，問いかけに対して自由に記述しているので，問5と問6
を区別していないものも多い。本分析の手続きは，この自由記述の中から相談
窓口（相談員）に対する評価を抽出して，近似する自由記述項目を集約し，集
約した自由記述の集団がもつ同質性を説明するのに相応しい用語を作成し付与
している（川喜田 1966; 1970; 林 1974）

　分析には，回答した相談窓口評価に関する自由記述欄のテキストと年齢と就
業状態（正規職，非正規職，無職，失業，不明）を組み合わせたタイプ別（例：
64歳非正規，69歳無職…）にテキストの紐づけをして，記述内容の近似する項
目を集約し，再配置して整理した図表を使用する[3]。図表は，高齢男性単身者
（60-69歳と70歳以上）と50-59歳男性単身者の属性に合致し，自由記述への記
載がある回答者から作成されている。

　自由記述の分析過程で，第5章から第7章の対象者における相談窓口の評価
は，時間軸にそった基本構成として大きく4つの領域に収束することがわかっ
た。相談の「導入の領域」，相談の「手続の領域」，相談の「成果の領域」と，
相談の「課題の領域」の4つである。4つの領域は，それぞれ下位の相談にお
ける多面的な側面によって構成されている。

　「導入の領域」は，誰にも相談できなかったことが相談できた，話を聞いて
もらえたなど，相談窓口が「たらい回し」することなく，幅広く門戸を開いて
いることに対しての評価群である。「手続の領域」は，相談者の相談内容に対

3）データセットは，個人情報に関する保護の観点，研究倫理に関する諸学会の規定を参照して，自
　治体・地域名・団体名・個人名は削除し職名は残して作成した。自由記述の整理については，重複，
　趣旨と異なる記述，冗長と思われる謝辞の部分は削除している。図表に配置の段階で，趣旨が伝わ
　る部分以外を削除した場合もある。

して，具体的な手続きの実施についての評価群である。「成果の領域」は，具体的な支援内容に結びついた事実関係だけではなく，相談によって前後に肯定的な変化をもたらしていること対しての評価群である。「課題の領域」は，もちろん，相談窓口の限界だけではなく，今後改善すべき重要な評価群が含まれている。

　これらの領域は相談者が抱える問題が単純なものから複雑・複合的な問題まであるため，重なり合うことがある。なお，調査実施上の規定から，分析については数量的な手続きはおこなわず，質的な分析に限定していることを改めて記載しておきたい。

3.2　高齢男性単身者の評価

　高齢男性単身者（60-69歳）の自由記述を整理すると，相談窓口の評価は，おおきく4つの時間軸をもった評価と，8つの側面を示す下部構造が存在することがわかった（図表5-1aから図表5-1c）。

　高齢男性単身者の場合は，「導入の領域」は2層で構成されている（図表5-1a）。相談の導入時の評価は，①楽に，安心，②親身，わかりやすく，丁寧で構成されている。窓口相談について，抱える問題を親身・親切に聞いて丁寧に対応していると相談者は評価する。相談は気持ちや心を楽にしてくれ，それが高齢男性単身者の安心をもたらしている。高齢男性単身者は，相談に対して比較的スムーズに参加している。これは第6章から明らかになることだが，女性の場合は，相談できること自体に高い評価をしている。高齢の男性単身者は，相談にいたるまでひとりで悩みを抱えて苦しんでいた女性群よりも，相談窓口での相談機会を問題解消の場としてみているともいえるだろう。

　高齢単身者には，社会関係の収縮により，社会行動に問題があるかのようなイメージがつきやすい。それは自分から積極的に社会関係を結んでいこうということの減少[4]であって，社会関係を拒否する傾向が高まっている事実を確認しているわけではない。拒否はしていないが，繰り返し自分の状況を説明する

4）たとえば，西村（2020）では，高齢者は，社会関係のなかで，会話人数は減少しているが，会話頻度の減少は比較的小さいことを示している。

ことの手間をわずらわしく感じている。このことは従来の大部屋主義に基づく
公務員の窓口業務と対の関係にある。

　「手続の領域」は，「導入の領域」同様に，２つの層で構成されている（図表
5-1a と図表 5-1b）。これは，作表の関係で２つに分離してあるものの（③手続き，
④同行・アウトリーチ），１つの層に集約してもよいと思われる。評価は，主に
就労支援との関係も含めて，ここでは公的機関・団体・専門職の窓口への同行
に加えて，健康問題を抱えている場合に相談者を見守り，相談員が相談者へ出
向いていくアウトリーチを評価している。

　「成果の領域①と②」は，４層で構成され，⑤食料支援，⑥住まい，⑦料金，
貸付，お金，⑧就労支援のように，生活困窮者自立支援の事業にそった側面が
それぞれ層をなしている。緊急性の高い支援ニーズに対して，食料支援と貸付
が位置づけられている。

　窓口での相談内容数と支援内容数との関係について分析をおこなった国立社
会保障・人口問題研究所（2020）によれば，高齢男性単身者（60-69 歳）の相談
内容数は多く，複合的な問題を抱えて相談にきているという（p. 56）。

　相談内容数が少ないと，「住まい」と「収入・生活費」あるいは，「収入・生
活費」と「仕事」を基本構成に，相談内容数増えるにしたがい金銭的な相談内
容が増えていくという（p. 56）。国立社会保障・人口問題研究所（2020）では相
談内容数の増加を左右するものとして，「病気，健康，障害」といった相談内
容が影響を与えている可能性を示唆している（p. 56）

　高齢男性単身者の加齢による変化をみるために，70 歳以上の高齢男性単身
者の評価を確認したものが図表 5-2 である。60-69 歳の高齢男性単身者の相談
窓口の評価は，３つの時間軸をもった評価と８つの層で構成されている。けれ
ども，70 歳以上の高齢男性単身者からは，「手続の領域」の評価はえられず，
「導入の領域」と「成果の領域」に対する評価を受けている。

　70 歳以上の高齢男性単身者の「導入の領域」は，２つの層で構成される（図
表 5-2）。相談にもちこんだ不安が解消され，受けた説明がわかりやすく，親切
な対応を示す①親身，わかりやすい，丁寧と，知識・的確さ・配慮が生み出す
信頼を感じる②信頼，配慮の２つである。相談窓口は 60-69 歳の高齢男性単身

図表 5-1a　高齢男性単身者の窓口評価（60～69 歳）

導入の領域

親身、わかりやすい、丁寧

61 歳無職。わかりやすく説明を受けました。
62 歳無職。親切に対応してくれます
66 歳無職。大変に良かった、たすかった!!
66 歳非正規職。親身になって
非常用のおかゆ、水をいただき
私をねぎらってくれる
前向きになれています。
68 歳無職。しんみになって相談
68 歳無職。色々話を聞いてもらって。丁寧な対応だった。
68 歳正規職。気持ちが前向きに
お米が大変助かります。
適切に対応
前向きに成ろうと
69 歳無職。ていねいにくわしくお話し説明
61 歳非正規職。みなとあえるたのしい。たすかっている。
63 歳非正規職。今でも定期的に話を聞いてもらっているの
で助かっている。

楽に、安心

60 歳無職。気持ち的に楽になった。
63 歳非正規職。生活の見通しが良い方向にわか
りやすく説明してできる。
63 歳正規職。人の気持のあたたかさをかんじる。
64 歳無職。1 人のなやんでいたのがすこし楽になった。
64 歳無職。生き延びることができた。安心した。
64 歳正規職。大変参考になりました。
64 歳正規職。職場での●●。対応がよかった。
65 歳正規職。安心感をもって話し合（合）いが
出来ました。
65 歳不明。かなり気持ちが楽に　気配り、わかり
やすい
66 歳無職。気分がらくになり、今後の生活には
が出来ました。
67 歳無職。かなり精神的に楽になった。ていねい
に聞いて
68 歳無職。安心出来た
69 歳無職。楽になった

62 歳無職。気持ちが楽になって
大変親切でわかりやすくて
63 歳無職。色々と相談に乗って
くれる。
63 歳不明。心のよりどころの一
つになりました
65 歳無職。相談相手ができた。
相談がしやすかった。

手続き

65 歳非正規職。取り立ての電話など、来なくなって
食事などの面で買い物
私は耳が聞こえにくいので
わかりやすく説明
67 歳無職。ていねいに話しを聞いてもらえた
病院に来てくれて、病院について
いっしょにいってもらえた。
68 歳無職。手続きを助けてもらった。

66 歳無職。持病（てんかん）　仕事も出来ず
67 歳自営業・自由業。今回の様に警察署で取り調べべ検察庁
には向かう（く
68 歳無職。相談はしたが支援は受けてはいない、糖尿神経症
のために手足がふじゆうである

手続の領域①

61 歳非正規職（非正規職）。一緒にはハローワーク
ネットっていろいろな求人募集
親切ていないので　わかりやすかったです
受け止めて頂けたと思います
67 歳無職。ていねいに話しをしてもらえた
体調が悪い時に来てくれて、病院についてていってもらった。
ゆっくりと資料を使って説明してくれた。

図表5-1b　高齢男性単身者の窓口評価（60-69歳）

成果の領域②

就労支援

60歳無職。仕事につく気持ちができてきた。ハローワークへの同行
61歳無職。就労支援を受けながら求職活動
61歳無職。仕事探しまで。
61歳非正規職。就職支援が自分で出来ないので支援
62歳無職。仕事探し。仕事は、支援、助言を受けて、良く支援
64歳非正規職。今現在の仕事等の仕事を探しています。大変ていねいにして
くれます。
64歳無職。ハローワークの人と市役所で面談できて仕事を紹介してもらえ
た。しっかり聞いてもらい、解決のために同行
65歳非正規職。仕事探しを区役所内のジョブスポットで個別に対応
66歳非正規職。働く場所の紹介。公営住宅を世話やくしてほしい、
66歳非正規職。年金　仕事さがし。
68歳無職。仕事さがし。週2回病院にお伝えた。
68歳非正規職。親切。　理解　受け止め
69歳非正規職。親切。就職先への同行　当面の生活費を借用
60歳非正規職。市役所・就職保険をもらっているときは助かった
ハローワークにいっしょにいってくれた

手続の領域②

同行・アウトリーチ

61歳非正規職。3月からパートとしての仕事が見つかり社会保険の使える
会社で仕事。月一回の病院に通院。親身にハローワークの相談員の紹介などと同
身仕事さがしまで。
62歳無職。仕事探しは同行
64歳非正規職。仕事は、支援、助言を受けて、何とか欲しいと。
親身になって対応
住宅、国保。話を聞いてもらい、市役所の国保窓口に同行
65歳無職。解決のために同行して支援を受けて安心できた。
生活保護担当者に引き継がれ、制度について説明を受けて安心できた。
問題点を整理して的確に対応してもらったこと、など良かった。
66歳無職。手帳は所持していないが、案内が分からないから、安
心して手続き出来た。
67歳無職。毎月見に来てくれて助かりました。
67歳無職。債務がなくなって安心。弁護士相談、弁護士事務所へ
の同行。手続き援助。配慮や事情などを考慮してくれたことを受け止めて
いろいろな手続きを手助けてくれた。

61歳無職。

課題の領域

64歳正規職。入金（貯金と年金）と出金（家賃の光熱費等）を計算してい
て当月は大丈夫だけど来月は口座振替できない見込んでいる所。年金が失業
でハローワークに申請した時点で無くなり一変しました。
65歳無職。皆様マナー良いです。が手配な女性はダメダメ窓口のさい、悪口
が多い。陰口もよく言う。会話すると圧迫感が強いこちらを追い込む感じです
65歳無職。65才の私でもこれまでのスキルを生かした仕事が出来るのかもと期
待しましたが日本の企業では、シニアになると求人は少なく運送事が出来ま
せん。
対応については良いと思いますが気配りや知識に問題があるように感じ
私が過去に相談員だったので今は思いますがこの窓口でやっている仕事さえ
道しかないのかなと考えて今後進めます。今年65才から66才になる私には仕
事を選ぶ事は出来ないようです。

61歳無職。その日に仕事を紹介してもらえると思っていたため無理だった。自分
の考えているタイプの相談窓口ではなかった（母子ママ）。求職活動中でハローワーク様に
お世話に。現在生活保（母子ママ）。しかも地方では車を運され
い（生活保護を受給する条件の一つ）ための公共交通機関を利用しての就職に
はばつかしい。この状況でまでは生活保護受給者は増えることがあったも減ると事
はないと思われます。
66歳無職。助かりますけどどうなるのかなと。わかりやすかった。
67歳無職。直接支援には今からながらっぱいです。思う様に買い物が出来ない
仕事も見つからず　通院するだけでいっぱいです。直接支援にはつながりませ
ん。自立出来ずにいます。生きている意味も見つかりません。
69歳非正規職。支援が年齢が65以上では非常にむずか
しいと思われます。就職において企業指導等を実施し。自立に向けてやりがい
を感じる様にしていただければありがたいです。今後も益々65以上の支援要
請者が増える年はまだまだかもしれないと思います。個人レベルの努力では対処がむず
かしい。

図表5-1c　高齢男性単身者の窓口評価（60-69歳）

成果の領域①

食糧支援

69歳正規職。病院、住居及び食糧の支援。就職支援を受け年金受給までお世話。すぐ対応　定期的に訪問　食糧も気配りがいき届き　親身に　自立したものの以後も連絡

60歳無職。相談員の方がすぐに生活保護の支援。数日間の食料品　就職の事でハローワーク等の手続き

60歳無職。食糧支援で良かった。職員のマナーは良い

61歳非正規職。食糧支援がうれしかった　話相手になってくれた　息ぬきになった。

62歳無職。一日だけのことだが食べ物があってよかった。

62歳非正規職。食料をもらって助かった。

63歳不明。食糧の支援と住まいさがしに協力していただき職員の人たちみんなよくかかわってくださいまして助かりました

64歳正規職。親身の受け答え、食料の支援

62歳非正規職。食料が不足した為お借りできて助かりました

68歳非正規職。1月末に体調不良で入院、その後退職、小口資金の貸し付け

65歳無職。今食事に関してはだいたい食べている。

65歳非正規職。食糧支援と就職支援。職員のマナーを感じました。

65歳無職。食糧支援、家賃補助　68歳無職。食糧を支援

69歳正規職　など　食糧支援など

町の社協から生活資金と県の社協から緊急小口資金の貸し付け　現金のない暮らしの中にさがし

住まい

63歳無職。病気で仕事で出来なくなり、住まいについても相談　多くの知識を持って

64歳無職。シェルターを利用　衣食住の心配をすることがなく生活できた。

61歳非正規職。生活状況が、安定　懇切丁ねいに、対応いつ来庁でも相談に
62歳非正規職。住まいについても相談

料金、貸付、お金

就職支援を受け年金受給までお世話に

61歳正規職。お金の心配がなくなりました。安心しました。

64歳無職。相談員の方と一緒に役場等に公共料金の後払いを認めてもらって

65歳無職。収入と支出が明確になり、問題点がスッキリ。

65歳無職。お金つくる（つくった？）のために（たすかる？）たすかりまで（ますので）

65歳非正規職。・生活状態が元にもどった・その前は介護保険の支払いや国民健康保険の支払、市民税・県民税の支払　そして日常生活における公共料金の支払の催促やテルスや、電気代、水道代、かかる食糧の確保、飲みもの、野菜・くだもの etc.

67歳無職。生活面。少ない年金の中から上手に指導して1ヶ月が終えると○○が楽しみです。各税金の見なおし、病院代（年間約8万円）、大2匹の食事代（月約1万）その他色々と前向きにやってくれます。

66歳無職。ひとりで公共料金の使払い請求書等の使払いと収入日を頭まにうっかり残金等で頭をいためていた

69歳無職。定期的な面談

69歳正規職。住まいさがし

図表 5-2　高齢男性単身者の窓口評価（70 歳以上）

導入の領域

親身，わかりやすい，丁寧

70 歳無職。不安が少しづつなくなってきました
75 歳無職。説明がとてもわかりやすかった。マナーや配慮，気配りも問題なかった。
79 歳無職。不安が少なくなったり自分自身もすっきりする
親切に対応
よく理解して話を聞いて
82 歳無職。適正な応対と気配り，マナー等

信頼，配慮

70 歳無職。相談窓口で話しまっててたいへんたすかりました。
72 歳非正規職。強く感じます。
72 歳無職。案度（安堵）感　定期的に食料が届いた。
ていねいにアドバイス
配慮，気配り
知識，説明，的確さは簡素で信頼を得ました。
73 歳自営・自由業。安心出来た。
73 歳無職。相談しやすい安心する。すべてに相談しやすい。こまった時に相談　相手になってほしい!
82 歳無職。適正な応対と気配り

成果の領域

就労支援

71 歳無職。今月の 20 日に就職予定。その時に提出するいろいろな書類や証明書を法務局などにいっしょに行ってくれたすかった。
71 歳非正規職。ハローワークとパソナを紹介されて，就職　年金ももらっています
72 歳非正規職。就労支援
72 歳無職。仕事やる場所あったら有難

債務整理

70 歳自営業・自由業。債務整理の弁護士さんに同行いただき，貴重なアドバイスを受け　気分的に楽になり助かりました。
71 歳無職。債務の整理　生活に余裕　預金が親切に指導
今でも 2 ヵ月一度の割で家計の見直し
90 歳無職。年金を使い切っていたが，貯金できるようになった

住居

72 歳不明。住まいについて，収入・生活費のこと，子育てのこと，食糧支援。
親切でとても良い
71 歳無職。住まいさがし。

食糧

72 歳不明。●●（食べ物のことか?）特にありがく（ありがたく）
75 歳無職。生活保護を受給できる見通しがたった
食糧の支援。

生活支援

77 歳無職。残り少ない人生ですが何とか自力で生活できないか
83 歳無職。養護老人ホームに入所できた。
必要なサービスに結び付けてもらった。
89 歳無職。シルバーカーの購入
自分の悩みを受けとめてもらえたと思う。
82 歳無職。生活保護申請同行。

課題の領域

77 歳自営業・自由業。初めての相談でしたので，弁護士の方からのとおりいっぺんの説明（自己破産）で，方向性のある説明がなかったしやはり自分がしっかりしなければと思った
72 歳無職。就職については先方が一方的に年齢制限するので完全に諦めました。
77 歳自営業・自由業。資格等があってもなかなか仕事につくことがむずかしいです。応募しても年令でだめになります，自分で探すしかないです。

者同様に，ウエルカムな雰囲気と相談者からえた信頼によって成り立っているといえる。

　60-69 歳の高齢男性単身者と比べて 70 歳以上の男性高齢単身者には，「手続の領域」への評価は見られない。「手続の領域」において 60-69 歳の男性高齢単身者におこなわれていたのは，公的機関間・弁護士など組織間連携のつなぎ，支援組織への同行，相談者へのアウトリーチなどの具体的な支援に至るまでの諸活動であった。70 歳以上の高齢男性単身者には，この手続にまでいたらなかったのであろうか。

　考えられる理由のひとつは，70 歳以上の高齢者が生活困窮者自立支援制度の対象者からフェードアウトしている可能性である。生活困窮者自立支援制度は，住居・食料などの生活・家計の見直しと就労（と就労に向けた就労前の訓練）による自立に向けた支援群の総称[5]であり，生活保護に至らない，「『雇用保険未満，生活保護超』の稼働年齢層」（岩田 2016b）を支援対象とした制度であり，相談窓口はその目的のために設立運営している。

　70 歳以上の男性単身者の「成果の領域」を確認すると，この領域は，5 つの層で構成されており，そこに③就労支援についての評価がある。就職予定の事例もあれば，仕事があればありがたいとの評価もあり，70 歳以上になると就労への成果が期待を上回ることはなさそうである。加えて，④債務整理，⑤住居，⑥食料，⑦生活支援を評価する 4 層は，ぎりぎりの生活に対する支援である。⑤住居，⑥食料，⑦生活支援は重複評価の部分があり，また生活保護申請とも関わっており，上記のフェードアウトの事例といえるだろう。

　「成果の領域」では，債務整理等には一定の効果がみられ，相談が継続していることを評価している記述もあるが，自立支援とはいい難いだろう。

3.3　50 歳代の男性単身者の評価

　50-59 歳男性単身者の窓口に対する評価を整理した（図表 5-3a 〜図表 5-3d）。生活困窮者の高齢者と 50 代の男性単身者の違いは，社会保障制度などによってカバーされている程度と自立のしやすさという違いである。困窮する現役世

5）貧困連鎖の防止に向けた子どもの学習・生活支援事業も含まれる。

図表 5-3a　50-59 歳男性単身者の窓口評価

導入の領域

親身，親切，良かった

50 歳非正規職。教えてもらえてよかった。ていねいな教え方でよかった
51 歳無職。大変助かりました。相談してよかった。役場は紹介はするけど，寄り添ってもらえませんでした　ここは親身にやってもらいました。
51 歳正規職。心的におちついて　正常な生活にもどせつつある　とてもていねいで熱心にきいてもらえた　いろんな方面からさいぜんの方法にみちびいてもらえた　かんぜんに正常生活にじもどるまで相談にのってもらえたので
53 歳無職。気持が楽になった。親切，丁寧な対応でよかったです。
53 歳非正規職。非常に対応が良かったと思います。素晴らしく良かった
53 歳正規職。初めて相談に行きましたが，他の公共機関（特に市役所）に比べ応対の親切，丁寧さに驚きました
54 歳自営・自由業。よかた　しんせつ。（マナーを）かんじた
58 歳無職。悩み事を相談でき，良かった。就職先の相談をひんぱんに出来ました。心（親）身になって対応していただきました。支援の方法説明が，最初わからない事がありました。
59 歳無職。相談して良かった　新聞など使ってよくしてくれ

楽に

50 歳正規職。気持ちが多少楽になった。就職までの融資や支援。細かく気配りされて，口重（口調？）も丁寧で説明も解りやすく大変お世話になりました。わかり易かったです。
51 歳無職。物理的にもそうなのですが……精神が少し楽になりました
すばらしい職員の方々でした。感謝しかありません。上記のすべての対応が適切と思います
58 歳無職。職員の対応は満足　面談以外でも気にして頂いて，適した求人があれば，折り込みチラシでも紹介の連絡があり助かっています
58 歳無職。話を聞いてもらって気持ちが楽になった　たいへんよかった　わかりやすい　感じた

52 歳無職。前向きに考えられるようになった就職に向けて細かく支援して致いた（頂いた）　**50 歳無職**。前向になれた　手続等の相だん
53 歳非正規職。前向きな気持ちになれつつあります。相談相手もいなかったので，話を聞いてもらえる場所ができただけでも前へ進む一歩だと思っています
55 歳非正規職。職が探せそう。分かりやすかった。
59 歳無職。気持は多少楽になり，前むきになった。
59 歳非正規職。少し先が見えて来たのかな？と……

安心

50 歳無職。幾分，助けられている感がある。
54 歳非正規職。就職活動に支援をいただき安心しています。
54 歳不明。相談相手になって　ケイタイで電話があてうれしかった。
56 歳無職。相談できる人がいるので安心。
57 歳無職。窓口相談があると言う事で少し安心感が出ました。
58 歳非正規職。窓口相談があると言う事で少し安心感が出ました。
59 歳無職。最初は自立支援とはどういうことなのかわからなくてとまどっていましたが　長く相談に乗っていただき大変助すかりました。

手続き，的確

52 歳無職。まめに話を聞いてくれてる言（事）そこへすこし助言してくれる言（事）なので元気が出るよう　すべてに的した事情を介して対応してくれる　普通の仕事をしたい　シニアに近いともずかしい
52 歳無職。わからなかった事などがわかったわかりやすかった
57 歳正規職。特に住民票の手続きをしてもらい有難さでいっぱい
58 歳無職。家賃の支払いが出来ず困っていたのですが，支援を受ける事が出来るようになり，大変有難く，嬉しかったです。とても親切に対応していただき感謝しています。書類などの提出など何回も役所に来たので，かなり面倒でした。
59 歳非正規職。自分一人で仕事さがしは，社会の常識と私の常識があまりにもちがいすぎていました。それで市役所の福祉の方の助けを得て，仕事を探し　又　色々な事が進むようになり，心強く思いました。社会と私の常識ちがうのも，福祉の方に指摘されたのです。とても良く私を理解してくれて，私は目の前が開かれたように感じました。心の重みが軽くなり，福祉の私を担当してくれた職員にとても感謝しています。

前向き

50 歳正規職。前向きになった。屋貸（家賃）を期間限定ではあるが支援してくれた事。大辺（大変）良かった。わかるまで説明してくれたのでわかりやすい。現実を見つめる事が出来た。
50 歳無職。気持ちが前向きになった　定期的な面談
51 歳無職。以前より，明るくなった。就職に前むきになった。私的には，わるい所は見あたらない。
52 歳非正規職。相談を定期的にしていただいて前向きになり就活にも力が入るようになりすごく自信になりました。

図表5-3b　50-59歳男性単身者の窓口評価

手続きの領域

同行・寄り添い

障害と就職

50歳非正規職。安心・安定　「本当に助かった」という気持ち。不安が　軽減　再就職ができたこと。各種の手続きの支援は最も助かりました。障害もあり、なかなか伝えにくいことを代弁して貰いました。

50歳非正規職。たすかりました（いろいろ生活すべて）自分の障害くわしくわかりました。就職のことや生活たくさん相談にこたえてくれました

52歳非正規職。手帳がとれたことがよかったと思う、作業所に行けるようになってよかったと思う

53歳非正規職。生活の見通しができゆっくりしている。知的判定を受けるとは思わなかったが、社会での生きづらさがやっとわかりよかった。仕事もみつかった。

57歳非正規職。精神しょうがいで、中々就労に向ける気持が持てませんでしたが、現在は式（試）用期間ですが仕事が見つかり、正職に或れれば（就ければ?）と思います。

52歳無職。最高な対応であった。自治体職員を始め日本労働者協同組合（ワーカーズコープ）お世話にならなかったら私は矯正施設から出所してどうすることもでき死を選択してたと言っても過言ではなかったと考えております。

障害と安心

50歳非正規職。精神的不安要素がなくなった事生活費等の暮らしの心配がなくなった

50歳非正規職。不安もなくなり、安心して生活できています。友人とのトラブルや障がい・移行支援施設への同行やいろいろな手続き同行・面談は助かりました。親身の対応で良かったです。発達障がい者ですが、わかりやすい説明等で不安なく相談する事が、できました。親身になって受け取られました。感謝致します。

51歳無職。たいへん、ありがたかったです。ほんとうにありがとうございました。障害年金をだしてもらった事。生活の礎を作ってもらった事、大変ありがたく安度（堵）しています。あと仕事があれば最高です。

57歳非正規職。いえやしごとをさがしてもらったしょうがいねんきんをもらえるようになった

52歳非正規職。よかった。仕事　食物　相談　全体的によかった。助かった事です。

55歳無職。たすかりましった　いろいろ　たすかりましった

同行と手続き

52歳正規職。不安や心配事が軽減されて気持ちが楽になりました。不馴れな手続きなど同行して頂き大変に助かりました。

56歳正規職。たいへん気持ちは楽になりました。住まいさがし、住居確保給付金制度を利用させて頂いた事と債務整理の援助で法テラスの制度を利用し弁護士さんの利用費用を貸して頂き無事債務整理が出来たようです。就職に向けて、職安に同行してもらったり、難かしい手続を詳しく説明してくれて助かりました。

56歳無職。アパートの保証人を引き受けてくれる人がいなかったが、大家さんと交渉してくれて、保証人なしでアパートを借りることができた。生活保護申請のための手続きに同行してもらえたので安心できた。アパートで必要な物を一緒に準備してくれた。退院したばかりで動くことがつらかったので、とても助かった。

59歳非正規職。定期的に面談に行き精神的に柔（和）らいだ。手続きなど同行していただき、いろいろな人の話を聞き、前え向きに今後の方向性が見えて来た。

手続きの領域（左下）

51歳正規職。様々な方策（支援策）があると聞いて気持ちが楽になり、前向きになれた。何でも相談にのって頂け、私の場合は職業訓練の受講説明会に同行して頂いて心強かった。無事就職し、就職後も面談したり相談にのってもらい、不安が解消されました。

52歳無職。助かった。就労に向けた支援と同行支援

54歳正規職。住まいさがし、住居確保給付金制度を利用させて頂いた事と債務整理の援助で法テラスの制度を利用し弁護士さんの利用費用を貸して頂き無事債務整理が出来たようです。　マナー、気配り等親身になってがんばって頂いた。就職に向けて、職安に同行してもらったり、難かしい手続を詳しく説明してくれて助かりました。

同行と就職支援

アウトリーチ

51歳正規職。仕事を探すとき何度も来てもらって助かりました

53歳無職。自宅まで出向いてくれたのが、ありがたかった　自分の生活状況をしっかり把握し、なんとかしようと思ってくれているのがありがたかった

58歳非正規。相談してみたが結果は変わらなかった　社協での貸付相談に同行してもらった　普通色々とアドバイス等はあったが理解しづらい点があった　事情は理解してもらえた。

図表 5-3c　50-59 歳男性単身者の窓口評価

成果の領域

お金

52 歳正規職。失業保険が出るまでの間，緊急小口資金 10 万円貸付。
53 歳正規職。特に債務整理の援助では，わからない事だらけだったので非常に助かりました。
56 歳無職。助かった お金を数日間借りたから貸付金
56 歳非正規職。生活福祉米援助，生活福祉資金援助
59 歳無職。給付金をもらって助かっております。
50 歳無職。ライフライン，公共料金の支払いが出来て助かった
59 歳正規職。滞納税金をどうやって支払うか手伝ってくれて助かった。

家計

51 歳非正規職。家計の管理が出来る　正規職員への転職
53 歳非正規職。生活費を見直しできて，説明が，わかりやすくて良かったです。
53 歳非正規職。生活費のことと就職
58 歳正規職。収入，預金が無くなり，非常に助かった。ローン，クレジットを組むのは簡単だが返済が，大変。非常に対応が良く説明もわかりやすかった。
52 歳正規職。生活に困っている間，親切に説明，指導
53 歳正規職。安心しました。生活費の件での相談をしました　再就職前と支払いがありましたので，近づく支払いが出来た事
55 歳無職。就職に向けての支援，及び生活費（家賃最低額）援助へのサポートしてくれる。
55 歳無職。就職支援　・生活費のこと　とても親切で，わかりやすく説明されよく事情も分かってくれたと思いました。
58 歳無職。家賃滞納の相談をして，家賃を立替えてもらう　その間に正社員の仕事に付くことができ助かりました。
51 歳非正規職。内心落ち込んでいたが少しすっきり説明で的確である　受けとめられたと思う

52 歳無職。住まいが見つかってよかったフードバンク
54 歳正規職。その住居確保の支援
58 歳無職。二度と無駄な税金出費がないように
住居費支給。食料支援

住宅

生活保護

50 歳無職。弁護士を紹介して頂いた。生活保護受給。
58 歳無職。何回か話して生活保護しんせい中になった

就職支援

50 歳無職。お仕事を深して（探して）いただいた。
51 歳非正規職。説明がとてもわかりやすく，理解できました。自分の状況が受け止めることができ，転職につなげることができた。
51 歳正規職。職業紹介で助かります
52 歳非正規職。仕事がみつかった
52 歳非正規職。仕事探しにおきましても，アルバイト
53 歳非正規職。生活の安定，仕事が見つかった。
53 歳正規職。ホームレス状態より，就職が決定。
54 歳無職。楽になった　就職に向けた支援
54 歳非正規職。就職に向けた支援
57 歳無職。アルバイトを紹介
55 歳無職。アルバイトははじめましたが，正社員に1日も早くなりたい
57 歳非正規職。面談を重ねるうちに　家でやっていた内職が仕事になった。
57 歳非正規職。ハローワークの支援　現在就労支援中。
58 歳無職。気持ち的楽になった。仕事が，決まりそうで
58 歳非正規職。しごとがきまったこと
59 歳非正規職。警備のしごとがすぐに見つかった。りれき書をかいてくれた 動きが早い。気軽に話ができた。

50 歳正規職。私は良いご縁もあり，現在仕事にも就くことが出来，少しずつではありますが安定に向かいつつあります，

就職支援　親切でありがたいとわかりやすい

52 歳正規職。多（大）いに助かった。就職探し，食糧支援。
54 歳無職。家賃の支援 就職に向けた相談や支援 食糧支援 説明等がわかりやすく，相談する事により安心できた。

食糧

53 歳正規職。食糧支援，公共料金の支払い
53 歳非正規職。安心した
困ってることの整理・食糧支援
57 歳無職。生活費支援　食糧支援など助かった
57 歳無職。食料はもちろん，ガソリン代は助かりました。
52 歳無職。食糧の安定　助かった
54 歳無職職。食糧支援はたすかりました　対応は親切な対応
生活保護係の人の対応は事務的な対応でつめたく感じました。
53 歳正規職。食りよう支えんで本とうにたすかりました
58 歳無職。食べ物がもらえた　よかった
59 歳非正規職。「食糧支援」は，本当に感謝しております。

図表 5-3d　50-59 歳男性単身者の窓口評価

課題の領域

自己の改善

58 歳無職。自分自身がステップアップを具体的に考えられず，どうしていいのかわからない時に，支援する側もどうしていいのかわからないのだろうなぁと思った。本人の意見を尊重しすぎ 相談員さんは大変な仕事だと思う

58 歳無職。支援をして頂いたのですが仲々（中々），自分の思ったようにはならない事もあったので 自分で考え方を改めるようにしたいと思いました。丁寧に説明して頂き対応してもらい自分の事情も聞いて頂いて　今後も相談する場合は積極的に相談するようにしたいです。今後仕事が仲々（中々）見つからない時は生活保護も考えております。

59 歳正規職。1 人暮らし　家族もいない
何かあった時　たよりにできる人がいない

信頼の喪失

52 歳無職。支援金を私物かしている。きらいな人には，かさない。

57 歳非正規職。職員によって，受けられる支援がおしえてくれない人もいる!!　役所なので，事務的な答えが大（多）い!!　もう少し，いろんな支援のパンフレットを作ってほしい!!　知らない支援が大（多）い!!

50 歳正規職。最初に相談に訪れた際，対応して頂いた男性職員の「何でも病院へ」という考えは，少し危険であり，私は途中から変ってもらった事で後はスッキリ行きました。運が良かっただけでは済みません，本当に困って苦しんでいる方々の拠り所となる相談窓口の更なる充実を切にお願いしたいです

制度・組織・考え方の改善

54 歳正規職。もう少し相談者の話を最後までよく聞いて，対応，対処してほしいと思う。「お役所」的な対応ではなく本当に相談者が何について困っているのかもう少し理解してからの対応をお願いしたい，上から目線ではなく一人の人として!　そして本当の公務員として!

56 歳無職。お金の貸付がないのは困る。住居を失った人のために空き家を提供するとか，困った人の気持ちになって，考えてほしい。

50 歳非正規職。実に役人的な考え方での運営。本当にこまっている事がらがまったく見えていないし，必要な人に必要なものこと金がいかないようにシステムが組まれていて，役人等がその仕事をさもしていますよというような姿勢を見せているだけにも感じる。

50 歳無職。行政の事で，福祉の力を入れてほしい。生活面，精神的な事で困っている方も多く居られると思うので，この分野のサポートにも力を入れてほしい。

58 歳無職。色々な支援がある事を初めて知りました。助かりましたが，まだまだ弱い生活に対して法律はきびしく取り立て様という役所のマニュアルじみた対応があると感じました。

51 歳不明。心強いがもっと食料や金銭面などの援助が欲しい。職業のネットワークが弱いかなぁ。心身のパワーアップ法なども実力をつけて下さい。

53 歳正規職。公共機関間での連係（連携）やそれぞれに相談色々な申請に来る方へのインフォメーションがもっと必要なのではと思いました。

代の 50-59 歳は，雇用による生活保障機能が弱い層であり，高齢者に偏った社会保障制度を特徴とする日本では手厚い支援を期待しやすいとはいえない。この年齢層は社会に包摂されておらず，市場と制度の間に見過ごされたままであった可能性もある。岩田（2016b）のいう「『雇用保険未満，生活保護超』の稼働年齢層」であり，まさに生活困窮者自立支援制度が支援の対象とする生活不安定層である。

　この年齢層が高齢者と異なるのは，相談者の厚さであり，「導入の領域」にも厚みがあることである。高齢者と比べて，雇用状態を示す，正規，非正規，

無職など就業状況は多様であるが，相談窓口では，親身，親切さ，良かったと感じ，楽になり，安心をして，前向きになっていると評価しているのである。このことからも，50-59歳の相談者がこの制度以前に支援の対象となってこなかったことを推し量ることができる。

「導入の領域」では，①親身，親切，よかった，②楽に，③安心の3層に加えて，④前向き，となる側面を評価している。「手続の領域」は6層で構成されており，図表5-3aの⑤手続き，的確，図表5-3bの⑥同行と手続き，⑦同行と就職支援，⑧アウトリーチ，に加えて，⑨障害と就職，⑩障害と安心の構成である。

作表の関係で，⑤手続き，的確という評価と⑥同行と手続きという評価が，図表5-3bと図表5-3cにそれぞれ配置されているが，これらを合わせてみると，相談では，まめに話を聞き，手続きをわかりやすく説明し，諸手続きを手伝ってもらえるなどと評価し，さらには同行・アウトリーチなどの相談窓口から外に出て，相談者の支援に乗り出していることを評価している。

「手続の領域」におけるこの結果は，高齢者の若い世代（60-69歳）の男性単身者の結果と同じ傾向であるが，評価の密度は50-59歳男性単身者の方が高い。高齢者と50-59歳の男性単身者の明らかな違いは，障害に関する⑨と⑩の評価である。

個別の健康・障害などへの配慮への評価は，制度横断的な窓口業務と批判されてきた行政窓口の総合窓口化[6]や業務委託する社会福祉法人などの導入によって高く評価されるようになり，これらの変化は全体としてみると好循環をもたらしているといえるだろう。

他方で，高齢者にもみられた同行（あるいはアウトリーチ）による手続に対する支援は，年齢が高い層ほど効用も大きくなっていくと考えられる。人間関係が希薄化する男性の相談者に対して，連携体制を取る支援では，自分の状況について何度も同じことを説明することが多く，複合的な問題と制度横断的な

6）相談窓口は，地方自治体が運営主体となっているが，その運営方法は大きくは3つである。直営，委託と直営＋委託の3つであり，相談業務と支援業務が一体化するものと，両者が分離して有機的な連携の構築を目指す場合がある。

窓口業務のために，窓口をたらい回しされることが多かったと考えられる[7]。このようにみると，相談員の同行手続きは，地域の組織間連携の重要なファクターといえる。今回の他の分析も考慮すると，50代，60代の男性単身者に加えて，第6章で扱うシングル・マザー，46-60歳の女性単身者からは顕著な評価を受けている。

「成果の領域」では，高齢男性単身者の評価が，食糧支援に集中していたのに対して，50-59歳男性単身者では，就職支援関連を中心に，お金・家計・食料など具体的支援は多岐にわたっている。高齢男性単身者は，その年齢と健康問題・就職環境の悪化から，支援の終着は年金受給開始を待つか，生活保護申請へと移行できるため，自立よりも福祉を受け皿にした対応をとることができる。50-59歳の男性単身者は，福祉への受け皿を期待するよりは，支援の主軸を自立支援にしておきたい対象者であるとはいえ，期待通りの評価を受けている。就職支援の評価が，就業状態にかかわらず高くなされており，家計への支援も就職支援とセットで実施されていることからも，できるだけ自立支援を主軸とした方針を堅持したいためだと考えられる。

　相談員によれば，男性の中高年以上の相談は，待ったなしの対応を求められるという実態をふまえると，「成果の領域」において，高齢男性単身者と50-59歳男性単身者が食糧支援を評価する結果は緊急性が高い点において整合的な結果といえる。

　最後に，「課題の領域」については高齢男性単身者（60-69歳と70歳以上）と50-59歳男性単身者をまとめて整理しておきたい。年齢に限らず，男性の単身者は，相談員の対応に対して高い評価とともに不満を記している。相談者の属性による影響をクリアにすることはできないが，記載される内容をみる限りは，不満は相談員の態度と知識不足などで，事実であればまっとうな指摘である。高齢男性単身者に限定した課題についてみると，明らかに期待と現実のギャップからの低い評価を受けているのである。高齢男性単身者に対する自立支援には限界があり，これは自立に対する年齢の限界が社会の側に埋め込まれている

7）なんども同じことを説明することのわずらわしさから，余計に窓口の心象が悪くなった可能性もある。

という現状を示している。

　このような高齢男性単身者に対して，50-59歳男性単身者には，おおきく3つの評価がある。それは相談により，社会の仕組みなどをわかりやすく説明され，自分の役割と限界を知り，社会へ適応することにより，社会へ再参加する意欲が生じている。その反面，自分の期待と結果との違いから，相談窓口自体に不信感を抱き，信頼を喪失してしまうこともある。そして相談所に対してもっと自分たちに寄り添うことをもとめ，制度・組織・考え方の改善を要求するにいたる。最後の評価は，とくに高齢単身男性でみられており，これは現在の支援体制に対する不満ともいえるし，相談者が必要としている支援の底（支援ニーズ）が社会にはまだみえていないとも考えられる。

　「課題の領域」における評価を含めて高齢男性単身者への支援を考えると，われわれの課題は，その予備軍を含めて制度と年齢の壁をどう乗り越えていくかにかかっているようである。

4. 高齢相談者への対応と限界

　生活困窮者自立支援窓口への相談者を対象に，高齢男性単身者（60-69歳と70歳以上）の自立支援窓口の相談に対する評価から，支援の実態と支援ニーズを探った。改めて整理すると，単独男性高齢者は，相談内容が多く，抱えている問題は複合的な問題であるが，その原因は，高齢あるいは健康不安（その両方）のために，就労（就労支援）へ接続することが難しくなっており，問題が偶発的に解決することを除くと，「定期的な面談」を続けるほかはないことがわかる。

　藤森（2016）では，単身者は，経済的には困っていないと回答しながらも，生涯働き続けることを前提に考えているところがあり，貯蓄や資産など引退期の備えを十分にしていないという。これが事実であれば，高齢者は就業の途が途絶えると途端に困窮するのであり，そのことが緊急支援を求める背景である。

　国立社会保障・人口問題研究所（2018）にみるように，標本調査を用いた分析からは，男性の場合は，とくに頼る人が少ないため，緊急支援のリスクが高

まるようだ。相談内容には，その日の住まいがない，あるいは食べるものがないなど，緊急性が高いことが多い。生活困窮者自立支援制度は，住宅確保給付金または食料の現物支援といった一時的な支援のメニューしか用意していないこともあり，年金の受給，生活保護の申請など，高齢の男性単身者の相談は，第2のセーフティネットでは対応することができないことも多い。その一方で，頼る人の欠如に対しては，継続的な相談・面談と，相談窓口で実施する手続きや連携先への「同行」の存在が，単独男性高齢者と社会とのクッションになっていると思われる。

　このように相談支援は，想定されている具体的な自立支援事業以外の側面も評価を受けており，加齢とともに人と人とのつながりが希薄になる一般的傾向に対して，地域の相談窓口がその結びなおしの役割も果たしているものの，高齢者の就業先の開拓など困難な課題も残されたままである。

第6章

女性のひとり親，単身女性の生活不安と支援の限界

1. 問題の所在

　この章では，生活困窮者自立支援窓口で配布した調査（調査1）をもとに，5章とおなじ手続きをとり，女性のタイプごとの支援ニーズの抽出をおこないたい。全国の相談所でおこなわれる「伴走型」あるいは「寄り添い型」と呼ばれる相談支援の業務目標に対して，相談員が適切に相談者の支援内容に応じるためには長期間の経験的な知識を積み上げるか，可能なかぎり集められたニーズとその対応を参照しながら業務を遂行するしかない。日々情報を更新し，位置づけなおしてよりよい業務へと改善するしかないが，現状は相談業務に追われ日々の情報更新は難しい。

　本章は，生活困窮者自立支援制度における相談の実態を把握するために実施した調査に基づいて，相談者側からみた相談業務について記述的に分析をおこなう。第4章で詳細したように，調査は，2017年4月1日現在で設置の確認ができる全国のすべて相談窓口（1,282か所）に対して，6月9日から9月末まで実施した。各相談窓口には，7名分の調査票の配布を依頼し，相談窓口の利用者（以下，相談者）が調査票を自記自封し投函している。最終的な返送数は1,698票であった。

　分析では，とくに離死別・子ありの35歳以下の女性（シングル・マザー）と単身の女性がどのような相談内容をもち，どのような支援を受けた（受けている）のかを中心に検討を行うと同時に，相談者から今後の相談業務の課題を抽

出することをめざしている。

　なお，調査実施上の規定から，本書の分析では数量的な手続きはおこなわず，質的な分析手続きを採用していることをあらためて記載しておきたい。

2. 女性のひとり親（シングル・マザー）と女性単身者

　第2章では，厚生労働省の「国民生活基礎調査」のデータから，核家族世帯の割合におおきな変動がみられないなかで，このカテゴリーに含まれる，シングル・マザー[1]（ひとり親と未婚の子のみの世帯）の割合が，1986年の5.1%から7.0%に高まっていることが示された。総世帯数が増加しているなかでこの世帯の増大はおおきい。

　シングル・マザー数は，1995年の52万世帯から2005年の75万世帯まで増大し，その後2015年まで75万世帯程度で推移している。OECD（2006）によれば，日本の就業しているシングル・マザーの貧困率は，OECD平均をはるかに上回っているという。

　近年は，女性の未婚出産の比率が上昇し，その上昇率は，シングル・マザーである母子世帯の増加率を上回っているが，それでも未婚出産の多い欧米に比べると低い水準にあるという（周 2014）。周（2014）は，シングル・マザーである日本の母子世帯の増加要因は，離婚の増加によるものであり，離婚の後は，母親が単独親権を取得することが主流であると指摘する（pp. 33-34）。そしてこの層の再婚率が低いことも特徴であり，半数は5年以上の長期にわたって，シングル・マザーである母子世帯の状態を続けているという（pp. 35-37）。

　シングル・マザーの実態は，戦後すぐから戦災母子家庭として，調査が行われていたことで知られている。「国勢調査」と「全国ひとり親世帯等調査（旧全国母子世帯等調査）」はそれぞれ1955年と1949年までその実態をさかのぼることができる。当時から，子どもが経済的自立するまで世帯の経済的困窮は続

1）以下，統計上のカテゴリーなどを除いて，女性のひとり親，母子世帯などをシングル・マザーで統一して記述する。統計上のカテゴリーの場合は，「シングル・マザーである」と記述として表現する。

いていたという。すなわち，シングル・マザーである母子世帯の生活保障は，残念なことに長期間にわたって不安定さが解消されないまま現在に至っていることになる。生活保障が目的とする社会的包摂にとって重要な課題である。

　本章ととくに密接に関わる，ひとり親に対する相談場面[2]の事例によると，若いシングル・マザーは，子育てをしながら働いているので，同世代の友人とは子育て問題を共有できないという（渡辺 2005）。樽川（1989）によれば，離別直後の生活問題は，「生活費の不足」「住宅の問題」「就職の問題」「借金の返済」「家事」に集約しており，学歴階層・社会階層の高いグループのほうが，働くために親族の援助を受けていることとは対照的な状態にある（木村 1997）。

　シングル・マザーの支援には，これまで離別と死別による格差，自治体間の地域間格差が指摘され（金川 2012），第3章でもみたように，2002年以降は，生活不安定層に対する生活支援においては，就労自立が強調されている。

　総務省の「国勢調査」によって女性単身者の動向を確認すると，15-59歳の女性の未婚率は1920年の18.7%，1965年では27.1%まで上昇する。その後，2015年には23.2%となっていて，女性全体でみると女性単身者は長期的にはそれほど変化していない。しかし，第2章でも確認したように，20代だけでなく，30-39歳の未婚率は，徐々に上昇傾向にあり，1975年に7.7%であった30-34歳，5.8%であった35-44歳の未婚率は，2015年には，それぞれ34.6%，23.9%となり，40歳未満の未婚率は急増している。

　若い女性未婚者割合の急増は，ひとつには就労による経済的な自立の影響が大きい。女性の就業においては，1986年には「男女雇用機会均等法」が施行し，女性の働きやすい職場環境の構築が促されている。酒井（2004）によれば，この法律の前に就職した「均等法前世代」と，1986~1990年までの「均等法世代」，1990年代以降の「バブル崩壊後世代」を比較して，女性未婚者の就業率を比較したところ，「均等法前世代」と「均等法世代」との間に正規雇用率に違いはなく，「バブル崩壊後世代」は明らかに非正規雇用就業率が高いという（p. 66）。重川（2004）は，単身女性の家計について「単身者は独立可能な収入を

2）春日（1989）は父子世帯の集いにおける会話分析から，父子世帯の相談支援が再婚に収束する実態を明らかにしており，女性の再婚率が低いのとは対照的な状況にあることがわかる。

得ているものの，生活費が多くかかり貯蓄は少な」（p. 188）いと指摘し，女性単身者が優雅な独身生活を謳歌しているという 1990 年代のイメージを否定している。

　単身世帯は同居家族による生活サポートと社会的孤立の 2 つに対してリスク対応が弱い（藤森 2017）ため，女性単身者は，就業状態に関係なく，健康問題や失業などのリスクの直撃を受けると困窮に陥りやすくなる。

　2000 年以降，日本労働政策・研修機構の調査により，学歴などの階層要因の影響が明らかになると，低学歴層とシングル・マザーとの関係が強いことにより，低学歴＝シングル・マザーといったスティグマへの懸念が生じるようになっている。生活保障の観点からすると，日本社会が学歴の低いことに起因するさまざまな障壁に対して，それを乗り越えるための十分な支援が用意されていないことが問われるべきであろう。シングル・マザーである母子世帯が長期的に増大傾向にあるため，支援策の有効性にも疑義が生じている。

　また統計でも確認したように，女性の単身世帯が増加していることは，近年の問題であるが，女性の単身者の研究蓄積は社会的地位の高い層に向けられたものを除くとほとんどない。

　2015 年の生活困窮者自立支援制度の施行以降にひとり親（シングル・マザー）と女性単身者は，地域の窓口相談をどのように受け止めており，その生活支援をどう評価しているのであろうか。本章はこの点に焦点をおいて分析をおこなう。

3.　相談窓口の利用者の評価

　本分析が対象とするのは，第 5 章から第 7 章まで共通の設問である，問 5 の「支援を受けて，①あなたの気持ちはどのようですか。②とくに助かった支援など率直なご意見をお書きください。」と，支援窓口の相談員の対応について確認した，問 6 の「①職員のマナー・配慮・気配り，②知識・説明の的確さ・わかりやすさ，③おかれた事情を受け止められた，と感じましたか。」の 2 つの自由記述欄の回答である。回答の傾向として，問いかけに対して自由に記述

しているので，問5と問6を区別していないものも多い。本分析の手続きは，この自由記述の中から相談窓口（相談員）に対する評価を抽出して，近似する自由記述項目を集約し，集約した自由記述の集団がもつ同質性を説明するのに相応しい用語を作成し付与している（川喜田 1966; 1970; 林 1974）

3.1　シングル・マザーの評価

　分析には，第5章と同様に，回答した相談窓口評価に関する自由記述欄のテキストと年齢と就業状態（正規職，非正規職，無職，失業，不明）を組み合わせたタイプ（例：23歳無職，32歳正規…）別にテキストの紐づけをして，記述内容の近似する項目を集約し，配置して整理した図表を使用する[3]。図表は，シングル・マザー（35歳以下，配偶者なし，子あり）と，後述の女性単身者（21-35歳，36-45歳，46-60歳）の属性に合致し，自由記述への記載がある回答者から作成している。

　これらの領域は相談者が抱える問題−相談者一般に共有する問題から，女性特有の問題まで，単純なものから複雑・複合的な問題まであるため，重なり合うことがある。

　シングル・マザーの場合においても，高齢男性単身者（第5章参照）と同様に，相談窓口に対する自由記述による評価を取り上げて質的な共通点に配慮して整理をおこなった。その評価は，相談を開始してから支援を受けるまでを時系列で並べて，4つの領域に大別することができる。1つめは，相談窓口で相談を開始する前後の時期である「導入の領域」である。2つめは，相談内容に基づいて窓口で実際におこなわれた「手続の領域」である。3つめは，相談支援の結果，具体的な支援内容について記述する「成果の領域」である（第4章と第5章参照）。

　これらは，基本的には相談窓口業務において肯定的な評価である。4つめは，相談窓口の対応に対して，今後留意すべき問題群を提示する「課題の領域」で

3）データセットは，個人情報に関する保護の観点，研究倫理に関する諸学会の規定を参照して，自治体・地域名・団体名・個人名は削除し職名は残して作成した。自由記述の整理については，重複，趣旨と異なる記述，冗長と思われる謝辞の部分は削除している。図表に配置する段階で，趣旨が伝わる部分以外を削除した場合もある。

ある。

　シングル・マザーの場合は、「導入の領域」と「手続の領域」の評価はそれぞれ4層と2層に分かれている。「導入の領域」は、①一人の悩み、抱えてきた悩みを話せた、②気が済むまでいっしょに、③気持ちが楽に、④親切、親身に、で構成されている。出発点として、シングル・マザーは、自分の抱えている悩みを相談できずに生活をしている。①は④の身内よりもやさしい、との評価と一対になっている。そもそも家族・身内は厳しいこともいいやすい。先入観もある。渡辺（2005）は、子育て問題に対して、同世代と共有できないと指摘したが、ここでは、親を始めとする家族にも相談できないシングル・マザーもいることを示している。

　子どもを抱えて生活をするシングル・マザーは、離死別などにより、夫と離れただけではなく、社会関係が希薄になりやすい。未婚率の高まりと出産の遅延により、同世代の子育てに共感をもてるほかのシングル・マザーと出会う機会も喪失しているからである。男性と異なり、女性は結婚を契機に離家する傾向が強く、結婚前に離家する男性よりも離家の平均年齢は遅くなっている（鈴木2003, 鈴木2007）。結婚を機に夫の生活圏へ移動することもあり、離死別は生活の主軸という梯子を外された状態であり、結婚・結婚生活の経緯によっては必ずしも親元にもどることが容易ではないかもしれない。

　「手続の領域」は、⑤的確さ、アドバイスと⑥丁寧さ、説明という層で構成される。これらは相談手続きにとっては、表裏一体の関係にある。⑤は相談者からの相談内容を理解したことを相談者に伝える作業であり、⑥は制度・支援内容を含めて今後のこと相談者に理解させる作業である。①から⑥という一連の相談業務は、個々の支援の流れではなく、集合的に相談業務を概観しているに過ぎないが、障害者福祉支援で実践される「本人中心支援」（福岡2018）に適った形式となっている。

　「成果の領域」は、⑦具体的な支援をえたことと、⑧やる気に繋がっているという2層の評価になっている。⑦は就職支援、食糧支援、住宅確保、緊急小口資金である。⑧やる気は、相談支援が、単に具体的な支援を提供しただけではなく、その先の生活の安定に向けた気持ちも喚起したということが重要であ

図表 6-1　シングル・マザーの相談窓口評価

導入の領域　　　　手続の領域　　　　成果の領域

35 歳非正規職。悲しい時は一緒に悲しんでくれて 怒ってる時は一緒に怒ってくれて　嬉しい時は一緒に喜んでくれて とても，とても素敵な方でした。

一人の悩み，抱えてきた悩みを話せた

22 歳正規職。こどもが小さく，家族（母）とも仲が悪いので　相談する人がいなかった。
32 歳正規職。1 人で悩んでいたので，相談することで，とてもすくわれました。
32 歳正規職。一人では，不安な問題を一緒になって解決してくれました。
35 歳正規職。ずっと自分の中にかかえていたことを話し，聞いていただいた

気が済むまで　いっしょに

27 歳無職。気がすむまで話もきいてくれて
28 歳正規職。生活状況をこと細かに聞いてくれ，相談できたことで不安は解消された。
33 歳失業。正直，初めは話しを聞いてくれて共感して終わりなのかと思っていたら，仕事が見つかるまで相談を継続してくれるのでとてもありがたい。
33 歳失業。話を聞いてくれるだけかと思っていたが，仕事探しも一緒にしてくれて嬉しかった。
35 歳非正規職。一緒に考えてくれたことがうれしかった。

気持ちが楽に

33 歳失業。話しやすい方で，あまり気を使わずに話せるので話しやすい
33 歳失業。気持は楽になった
34 歳正規職。何でも話す事ができ，良き相談者として　いつも頼りに
34 歳正規職。いつでも困った時など相談が出来るので，安心してこれからもお願いしたいと思いました。
35 歳正規職。相談にのってもらい，気持ちが楽になった。

親切，親身に

15 歳非正規職。やさしい
20 歳非正規職。とても親切で丁寧に対応してくれました。
22 歳非正規職。身内よりやさしく親切。
32 歳非正規職。とっても良い，親切‼

的確さ，アドバイス

22 歳非正規職。履歴書の添削
22 歳非正規職。仕事のトラブルを聞いてもらえた・生活全般の支援，情報がいただけた
28 歳正規職。相談の結果，的確な指示が頂けた
33 歳失業。履歴書の書き方，志望動機，文章にして書き出してくれてわかりやすかった。
33 歳失業。私の知らないお仕事センターを紹介してくれ，担当の方も付けて下さり予約すればすぐに対応してくれる
34 歳非正規職。方法や細かい所まで話を聞いて下さってアドバイス等をいただけた
35 歳非正規職。離婚の手続き　到底一人ではこなせなかった的確に　アドバイス

丁寧さ　説明

22 歳正規職。ていねいに対応してもらえた・わかりやすく説明してもらえた
22 歳正規職。仕事のトラブルを聞いてもらえた・生活全般の支援，情報がいただけた・時間をかけて，ていねいに対応してもらえた・わかりやすく説明してもらえた
27 歳無職。ずっと信用できます。
31 歳無職。よく話を聞いて下さり感謝しています。
32 歳非正規職。分からないことがあれば，何でも教えて
33 歳失業。説明はわかりやすかった
35 歳非正規職。問い合わせの電話等すると分かりやすく丁寧
35 歳非正規職。相談員さんの管轄の事でも調べて頂いたりして，とても頼もしかった

22 歳正規職。ぐちを聞いてもらえた。親身になってもらえた。
27 歳無職。親身になって対応
34 歳非正規職。親身になって話を聞いてくださり
35 歳非正規職。取り留めのない話から債務や離婚問題まで耳を傾けてくれる窓口　安心感。
34 歳正規職。親身に相談をうけていただき　とても　心強かったです。

具体的な支援

21 歳非正規職。無事就職できました。
33 歳正規職。就職相談　選択が増え，自身（自信）につながり，就職を決める
34 歳正規職。就職もスムーズに見つけられた
33 歳失業。病状も落ち着き治療に専念できた
15 歳非正規職。食糧支援がとてもうれしかった
34 歳正規職。食料品の援助等も教えていただき
32 歳無職。家賃出してもらったので
35 歳正規職。子供のミルクの支援など，ラーメン，レトルトごはん，
35 歳非正規職。食糧支援
31 歳失業。生活が安定しました。住居確保給付金制度を受けた
35 歳正規職。住居確保給付金が助（か）った。とても対応は良かった
31 歳無職。緊急小口資金が特に助かりました。
32 歳正規職。お金，家計の見直し

やる気へ

20 歳非正規職。欲しいものが買えるから，仕事をしようと思った。
22 歳非正規職。けっかは　いそがせないことが本当によかった
22 歳非正規職。就職できるようにもっと就職活動に取り組もうと思った。
35 歳無職。職探しの仕方，生活のしかたなど考えるようになった。
35 歳正規職。市営住宅，県営住宅に引っこしできればと思います。
32 歳正規職。中 3 の子どもの進路（塾など）
34 歳非正規職。支援の人になりたいと思いました。学校も行けるようになった

課題の領域

22 歳非正規職。事情を受け止められたと感じたが，上から言われているようにも感じる所があったので，あまり話したくなかった。
28 歳正規職。住宅基金?について，申請対象かどうか，はっきり教えてもらいたかった。
31 歳失業。未婚の母子なので寡婦扱いにならないのがツライです。（保育料，税金をまともに払わないといけない等……）収入は寡婦の方と変わらないので生活苦になります。保育料は月々からは困難なので子供手当より払ったりしていますが，滞納には変わりありません。
35 歳正規職。育児休中なので，給付金だけの生活は大変きびしく家賃の負担が大きくて，生活こんきゅうになっています。

ろう。

　相談窓口の支援は，シングル・マザーを精神的にも社会経済的にも拾い上げているということになる。一部には家族以上の役割をはたしている。「課題の領域」は，相談員の研磨・研修によって改善できる課題と，制度の支援を受けられない狭間の問題を提示しており，今後の課題として重要な情報である。

3.2　正規女性単身者の評価

　単身者・単独女性世帯（以下，女性単身者）は，男性の単身者の場合と同様に，その生活様式ゆえに，病気や失業などのリスクに直面したときに，収入が途絶えて社会経済的生活が不安定になる可能性をもっている。

　これまでは，高齢男性の単身者の動向と支援に注目が集まってきた。それは，高齢男性単身者の社会性が，高齢であることと，男性であることの両方から規定されて，より深刻な状況を生み出すという懸念があったためである。高齢女性が家族・親族と比較的良好な社会関係を維持するのに対して，高齢男性の社会性は，就業を引退する年齢になると急激に低下するためである（国立社会保障・人口問題研究所 2019）

　女性単身者に注目するのは，第5章で生活困窮者自立支援窓口に相談に来た高齢男性に加えて，現役の50代の男性単身者をとりあげて比較した結果，50代男性が高齢男性の予備軍ともいえる問題を抱えていることが判明したこともその理由である。

　女性単身者は，これまでほとんど分析の対象とならなかった。それは高齢女性の単身者が夫と離死別後には，家族に包摂されていたからである。しかし，現役世代の女性単身者には，同居する家族による社会生活のサポートがないため，中高年の男性単身者同様にリスクは高いと考えられ，その実態と支援ニーズの把握は喫緊の課題である。

　以下では，女性単身者を年齢と就業状態で分けて抽出し，その特徴について分析をおこなう。年齢は，21-35歳，36-45歳，46-60歳の3つ，就業状態は正規職か非正規職かの2つで計6つに分類している。正規と非正規でそれぞれ節を設けてその特徴を整理する。それぞれ得られた回答には多寡があるが，第

図表 6-2　21-35 歳正規職（単身女性）の相談窓口評価

| 導入の領域 | | 成果の領域 | |

相談の便利さ	心の改善	状態の改善
24 歳正規職。面談のたびに目標を決め　少しずつ差異前に進めるきっかけを作ってくれた 24 歳正規職。どんな話もちゃんと聞いて　いつも前向きなアドバイス　たくさんのことを調べて教えて 26 歳正規職。社協だけではなく，専門の方に助言 26 歳正規職。自分一人では決して解決できなかった 30 歳正規職。その時に合ったアドバイス 31 歳正規職。分かりやすいように説明	24 歳正規職。以前より前向き 26 歳正規職。止まっていた時がやっと動き出した感覚 26 歳正規職。無料で　メンタルのケアも 27 歳正規職。気持ちがはれてすっきり 27 歳正規職。事情を受け止めることができた 30 歳正規職。気持ちが前向き　落ちついて物事を考えられる様に 31 歳正規職。相談を重ねるうちに気が楽に	26 歳正規職。「就職に向けた支援」 27 歳正規職。再就職，家計の見直し他 31 歳正規職。再就職手当　手続きできた 31 歳正規職。就職が決まるまでの生活費として県の支援金 35 歳正規職。住宅確保給付金　とても親切に対応 35 歳正規職。仕事も無事決まり安心。

親身　受け止め	—	30 歳正規職。定期的なに面談を受ける事で，一人で考え込まなくなった
24 歳正規職。面談のたびに目標を決め　少しずつ前に進めるきっかけを作ってくれた 26 歳正規職。お話を聞いて下さって泣きました。 30 歳正規職。対応はとても良い。知識もある　いつも迅速な対応　概ね事情は受け止めて 31 歳正規職。親身に　言いにくい事情　受けとめて		

| 課題の領域 |

31 歳正規職。見下して責めるような対応だと余計に追いつめられてしまいます。
31 歳正規職。「自力でどうにかできるんじゃないの？無駄使い（遣い）してるんじゃないの？」と言わんばかりの対応

4 章でも指摘したように，ここではそこには注目しない。図表を見ればわかる通り，比較的非正規状態にある層と 46-60 歳層の評価に厚みがみられる。

　はじめに正規の女性単身者について抽出・分類した結果をみることにしよう。21-35 歳正規職では大きく「導入の領域」と「成果の領域」はそれぞれ 2 層で構成され，ここに評価が集中している（図表 6-2）。「導入の領域」は，①相談の便利さ，②親身，受け止めであり，「成果の領域」は，③心の改善と④状態の改善であり，具体的な支援による状況への評価である。①には手続きに近い評価も含まれているが，相談が自分にもたらすメリットに相談者たちは気づいている。②はシングル・マザーでも強調した，相談員が相手に寄り添いながら支援している実態を示している。「成果の領域」の③と④の評価は相談する以

図表 6-3　36-45 歳正規職（単身女性）の相談窓口評価

導入の領域	成果の領域

言えなかった相談	親身，丁寧，わかりやすい	状態の改善
43 歳正規職。親兄弟，友達にも言えない不安や辛さを担当の方に吐き出していました。	37 歳正規職。仕事探しの際も，親身に 応募や面接等の対策 37 歳正規職。前職に在職中相談，退職してから今に至るまで アドバイス 不安な気持ちで，転職できなかった	

	親身，丁寧，わかりやすい	状態の改善
	39 歳正規職。わかりやすかった。	39 歳正規職。家計の見直し
	41 歳正規職。親切に対応	40 歳正規職。仕事も決まり，生活が安定
	41 歳正規職。電話での相談から大変ていねいな対応　必要な書類も細かく説明	40 歳正規職。生活の中での無駄な出費などを見直す
	42 歳正規職。わからない部分は説明	41 歳正規職。家賃補助
	43 歳正規職。知識として無かったモノは調べて	42 歳正規職。食糧，面談（精心，心理面で）
	44 歳正規職。アドバイスも明確　親身に	43 歳正規職。家賃の引き下げ交渉

安心，支え，拠り所
37 歳正規職。定期的なに面接　心の拠り所
37 歳正規職。傾聴　安心感
42 歳正規職。もっと早く相談すればよかった
43 歳正規職。助かったのは，存在です。気持ちの上で支えになっていた
44 歳正規職。こまめに連絡　精神的に支え
45 歳正規職。安心

共感，理解
43 歳正規職。私の気持ちや辛さも理解
45 歳正規職。障害者の私の気持ちになって　対応

課題の領域

37 歳正規職。 すごくよかった　役に立ったというものはない。
37 歳正規職。 入口がわかりにくい。テナントのため案内が書きにくいのは分かるが　初めて入るのに開かれた状態ではないので，気軽に行ける場所ではないと思った。
37 歳正規職。 市役所内の面談ブースが狭く，落ち着かない。又，隣の話し声が聞こえる。

前よりも，精神的な苦痛が解消されていることがポイントであろう。

　36-45 歳になると，「導入の領域」は，①言えなかった相談ができたことへの評価であるが，同世代のシングル・マザーほど顕著ではない（図表 6-3）。21-35 歳の正規女性単身者においても相談の便利さが評価されていたが，36-45 歳正規の女性単身者では，②親身，丁寧，わかりやすい，③安心，支え，拠り所，④共感，理解という３層で構成されており，相談業務のなかで相談員に自分の状況を理解してもらい，相談員からは支援についてわかりやすく丁寧に説明を受けていることを評価している。相談窓口は，相談者にとっての拠り所となっていると判断してもいいだろう。

図表 6-4　46-60 歳正規職（単身女性）の相談窓口評価

導入の領域

┌── 言えなかった相談 ──┐

49 歳正規職。話を聞いてもらえて心が軽く　何でも相談　一人ではないと実感　親身に　心強かった
53 歳正規職。一人で悩んで　気持ちが楽に　**48 歳正規職**。すこし楽に
55 歳正規職。一人で悩んで　力になって　心強いです。前向きに
57 歳正規職。誰にも相談できなかった　親切にていねい

46 歳正規職。離職，離婚により収入がなくなり
市役所へ相談

┌── 親身に ──┐

46 歳正規職。親身に　何回も電話　気持ち的に安心
53 歳正規職。親身に　会話する事で気持ちが楽
55 歳正規職。親身に　人柄を理解

48 歳正規職。心身ともに病気になり仕事に行く事が出来ず　もう一度，自分の足で歩く，進む事が出来そう
48 歳正規職。前の仕事をやめられました。体の悪い所に応じた仕事をさがしてくれた
48 歳正規職。あの時の私の状態をとても理解　動いていただけた
55 歳正規職。個人的な悩みや，仕事探し　書類の作成

┌── 親切，寄り添って ──┐

46 歳正規職。対応も優しさにあふれ　安心で　質問するとすぐに答えて私に合ったペースですすめてくれて支えられた。
46 歳正規職。私に合ったペースですすめてくれて支えられた
48 歳正規職。気配り
58 歳正規職。親切でわかりやすく説明

成果の領域

┌── 状態の改善 ──┐

53 歳正規職。週一度の面談
起業（企業？）への応募　再就職
46 歳正規職。再就職などスムーズに決まり自立へ。
46 歳正規職。住居確保給付金
47 歳正規職。住宅確保給付金
48 歳正規職。住居確保給付金の申請
就職が決まり　生活福祉資金の給付
51 歳正規職。食糧支援
57 歳正規職。フードバンク等も助けてもらえた

課題の領域

48 歳正規職。最初は男性の方が話を聞くことに少しとまどいやていこう感
55 歳正規職。市・県民住宅に 60 才前なので住む（申し込む）事ができない

　「成果の領域」は，⑤状態の改善の 1 層であり，個別の支援ニーズに対応した支援制度の内容（就職支援，家計相談，家賃補助，食糧支援）を評価している。
　46-60 歳正規の女性単身者の評価は，「導入の領域」では，若い正規職（21-45 歳）には表出しなかった①言えなかった相談に加えて，②親身に，③親切，寄り添って，の 3 層になっている（図表 6-4）。年齢の高まりとともに，生活への不満，将来への不安や吐露できなかった相談内容に対して寄り添ってもらえたことが相談開始当初の中心になっている。「成果の領域」では，就職支援，住宅確保給付金，食糧支援などの制度にもとづいて支援が提供され，④の状態が改善したことを評価している。

図表 6-5　21-35 歳非正規職（単身女性）の相談窓口評価

導入の領域

言えなかった相談

25 歳非正規職。丁寧　不安からの精神的な問題を共に受け止めて

22 歳非正規職。相談できて助かって　親になかなか言えない気持ちを素直に

25 歳非正規職。家族，友人にも話せなかった自分の状況を相談　心が軽く

28 歳非正規職。親身　周囲にもなかなか就活の悩みは話すことができなかった

31 歳非正規職。相談をしにくい事　話を聞いて頂けるだけでも

35 歳非正規職。ひとりで悩んで　心細い思い

信頼感

25 歳非正規職。相談内容に応じて色々な観点からアドバイス

25 歳非正規職。豊富な経験からの助言や父親のような温かさの

26 歳非正規職。ハローワークや今後どう動けば良いのかのアドバイス

28 歳非正規職。就活「誰かがサポートしてくれている」という安心感

31 歳非正規職。自分の家計や仕事探しが危き的状況なんだと改めて自覚

31 歳非正規職。大変よくしてくれる

31 歳非正規職。母の介護　一旦休職　お電話やハローワークなどを教えて下さいました。

親身，丁寧，わかりやすい

22 歳非正規職。親切に対応

22 歳非正規職。わかりやすく説明

25 歳非正規職。適切なアドバイス　親身に

26 歳非正規職。話も分かりやすい　話に共感

27 歳非正規職。しんみに　とてもわかりやすく説明

30 歳非正規職。丁寧で優しく色々対応して下さり

31 歳非正規職。とてもわかりやすい

31 歳非正規職。親味（身）に　わかりやすく，ゆっくり説明

31 歳非正規職。持参する資料に数字をふっていただいた

33 歳非正規職。ていねいに　色々なアドバイス　説明などもわかりやすく

34 歳非正規職。丁寧に対応してくださいました

34 歳非正規職。わかりやすい

35 歳非正規職。電話で相談にとてもわかりやすい

成果の領域

状態の改善

22 歳非正規職。住宅確保給付金

25 歳非正規職。家賃補助を支援

27 歳非正規職。給付金

28 歳非正規職。「定期面談」，「住居確保支援金」

28 歳非正規職。金銭のやりくりに関しても相談

32 歳非正規職。就職できてよかった

33 歳非正規職。私とあった仕事を

26 歳非正規職。気持の整理

30 歳非正規職。そうじや片付けなどを手伝って

34 歳非正規職。一緒に手続きなどを手伝ってくれました

34 歳非正規職。手続き

手続き

30 歳非正規職。（家に手助けに）いっぱい来て頂けたら

22 歳非正規職。相談するまで知らなかった，年金のこととか自給者のやり方を教えてもらえた

22 歳非正規職。丁寧にお電話の時間などおり返しが遅くなってもお礼　私も見習おうと思います

課題の領域

25 歳非正規職。家族や身内に連絡が行くと，困ってるけど恥ずかしいからあまり利用したくないとゆう人も

25 歳非正規職。失ってから支援するのは少しおそい

28 歳非正規職。一人暮らしの女性の家に男性で復（複）数こられてこわかった

28 歳非正規職。マナーも気配りも感じられない　「おじゃまします」の一言もなかった

28 歳非正規職。対応がマニュアルすぎ　話もきいてくれなかった

3.3　非正規女性単身者の評価

　正規職に比べて，不安定な就業状態にある非正規の女性単身者は，21-35 歳では，評価は「導入の領域」と「成果の領域」に集中している（図表6-5）。この評価のパターンは，同世代（21-35 歳）の正規職と同じである。正規職のすべての年齢層の女性単身者の評価，そしてつぎの 36-45 歳非正規女性単身者

図表6-6　36-45歳非正規職（単身女性）の相談窓口評価

導入の領域	成果の領域
相談しやすさ	変化
36歳非正規職。真険（剣）に聞いてアドバイスなど色々してくれた	**36歳非正規職**。仕事探し
42歳非正規職。誠意をもって親身に　わかりやすく	
44歳非正規職。細やかに気配り　不安を取りのぞいて　行動的	**43歳非正規職**。1人立ちに向け行動に移せる計画
45歳非正規職。おかれた事情を受け止（取）められ心配されてる	
45歳非正規職。じょうしき　人の選び方　考え方の方法	
43歳非正規職。「心」の声をしっかり聞いて頂ける場所	**43歳非正規職**。気持ちが前向きになれたこと
43歳非正規職。話しを必ず聞いて頂ける　家族に相談しても　もめたりするのが現実	

課題の領域

44歳非正規職。職場の中での連携は出来ていない
担当の方に話した事を後日違う方に聞かれたり，その時　結構　責められ，連絡したと伝えても，初めて聞いたと謝りもせず　態度が威圧的でした。

（図表6-6）においても，相談内容にもとづいた「手続の領域」への評価は明確に現れていない。

「導入の領域」は，①言えなかった相談，②信頼感，③親身，丁寧，わかりやすい，という3層の評価で構成されている。「成果の領域」は，④手続き，⑤状態の改善，という2層で構成されている。若い世代の主な相談相手は親と友人であるが（西村 2020），46-60歳の相談者はそれらに相談ができずに悩んでいたところ，窓口の相談により改善されたといえる。相談は③親身で，丁寧，わかりやすいため，相談者から②信頼感をえて支援に臨んでいる。③は相談員の態度・仕事ぶりに対する評価であり，②は相談者自身の相談窓口に臨む態度である。②と③とは表裏一体にあり，②の信頼感と「成果の領域」の④手続きは，ここにはない「手続の領域」と同等の評価を含んでいるが，④の内容がアドバイスや助言にとどまっていることを考慮して，「導入の領域」と「成果の領域」に分けて位置づけている。

36-45歳の非正規女性単身者は，①相談のしやすさを評価しているので，「導入の領域」に配置し，②変化は具体的な支援への評価はなかったものの，気持ちの前向き，ひとり立ちなど気持ちの変化がみられているので，相談の「成果の領域」に配置している。

　21-35歳非正規の女性単身者と36-45歳非正規の女性単身者の「課題の領域」は，相談員の態度の熟練，地域連携など当初より懸念されていた部分ではある。相談員が相談支援のプロセスにおいて基本的なルーティーンや個人情報の保護を守れていないことを指摘している点は真摯に受け入れるべき点である。

　46-60歳は，就業状態が正規職・非正規職の違いにかかわらず，相談評価の厚みが増していることは確かであろう。正規職に比べて非正規職の方が，就業から得られる安定は少ない。病気になったときには，それが短期間のときは正規職であれば病気休暇や有給休暇を取得することができるが，非正規職では取得できない（そもそもそうした福利厚生がない）ことが多い。病気の長期化は，正規・非正規を問わず失業へと繋がる可能性が高い。このような就業の不安定さと，年齢の上昇が，生活困窮に陥る可能性を高めている。

　正規職同様に，46-60歳非正規の女性単身者においても，「導入の領域」には，①言えなかった相談への評価がある（図表6-7a）。作表の制限があるため図表を分割したが，図表6-7bに示した新たな領域カテゴリーの「寄り添いの領域」は，「導入の領域」に含まれてもおかしくない評価群である。同じ46-60歳の正規と比べ，①言えなかった相談の評価は，自殺を考えていたや一人では乗り越えられなかったなど，よりシビアで深刻な評価になっている。46-60歳という年齢に加えて非正規職であることにより不安定な傾向が強くなる結果には十分な配慮が必要だということを重ねて指摘しておきたい。

　ここで新しく配置した，「寄り添いの領域」とは，相談者の不安や不満，悩みを②軽減，親身に寄り添うこと，相談においては③優しく，丁寧に対応し，相談者の相談を④受け止め，親切に接して，⑤わかりやすい説明をする4つの層で構成されており，まさに寄り添い支援の内実を示している評価といっていいだろう。生活不安は，女性単身者においては年齢が高く，就業状態が不安定であることにより深刻度が高まっていることが予想されるのである。

　図表6-7aに戻って「成果の領域」をみると，ここには提供された支援制度の内容が詳細に列記されており，その内容は，⑥就労支援，⑦家計相談支援，⑧住宅確保，家賃補助等と，⑨不安の軽減という心の支えを加えた4層をもとに構成され，状況の改善が示されている。相談支援が状況の改善だけではなく，

図表 6-7a　46-60 歳非正規職（単身女性）の相談窓口評価

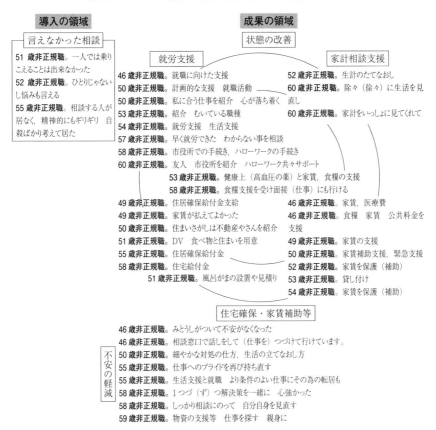

事業目標を越えた心の改善をもたらしている点はとくに重要な発見となるだろう。

　46-60 歳の非正規女性単身者の評価は，生活困窮者によって用意された支援内容が概ねそのニーズに対応したものであることを示している。他方で，図表 6-7c に示すように，「成果と残された問題領域」にも傾聴すべき課題が示されている。この領域は，相談窓口で支援を受けてもなお⑩残る不安，女性単身者でも年齢が高くなり，就業・健康状態が安定していないときに心強く思う⑪同行支援への評価が配置されている。女性特有の支援ニーズである同性の相談者

図表 6-7b　46-60 歳非正規職（単身女性）の相談窓口評価

寄り添いの領域

軽減，親身

46 歳非正規職。1 人で考えるより相談　楽に
46 歳非正規職。生活に余裕　気持ちが落ち付（着）いた
49 歳非正規職。ストレスの軽減。
49 歳非正規職。を親身に　精神的に安定，安心感をもたらした
49 歳非正規職。安心　心強かった
49 歳非正規職。毎月担当の方に話して落ちついた。
50 歳非正規職。話を聞いてもらえた　安心感
50 歳非正規職。(気持ちが)　軽く
50 歳非正規職。精神的には安心感
51 歳非正規職。安心
52 歳非正規職。気もちがらくに
53 歳非正規職。安心して相談
54 歳非正規職。気もちがらくに
55 歳非正規職。気持ちが楽に　感じ良かった
57 歳非正規職。(気持ちが)　軽くなり
58 歳非正規職。心=気持ちも余裕=楽に)
58 歳非正規職。相談しやすく，話し安（易）い
58 歳非正規職。何度も連絡　1 人で悩まず　気軽に話せた
60 歳非正規職。心労と言うか心配事が少し軽く
60 歳非正規職。一人で悩まなくてもいい　聞いてくれる人　心強かった。
51 歳非正規職。一人でなやまずにすんだ　らくになった　しんみに　話をきいて
51 歳非正規職。親身に　救われる思い
52 歳非正規職。心身（親身）に
53 歳非正規職。安心　就職の相談を親身に　アドバイス
55 歳非正規職。親身になって話しを聞いて
55 歳非正規職。親身に話しを聞いて　精神面に安心感
55 歳非正規職。しんぼう強く，支えて

優しく，丁寧

46 歳非正規職。丁寧
49 歳非正規職。優しくにこやかに
51 歳非正規職。マナーがよかった
51 歳非正規職。優しくて
54 歳非正規職。マナーがよかった
57 歳非正規職。優しく対応

　　51 歳非正規職。しんせつ　ていねいに　説明
　　54 歳非正規職。気配りをかんじ　説明はわかりやすかった
　　55 歳非正規職。わかりやすく親切なアドバイス
　　55 歳非正規職。説明は　親切でわかりやすかった
　　58 歳非正規職。わかり良く説明
　　58 歳非正規職。何かと，ていねいに教えて
　　58 歳非正規職。しんせつ　ていねいに　説明
　　55 歳非正規職。おかれている事情
55 歳非正規職。いつでも　話しに　話す事　気持ちも楽に
50 歳非正規職。丁寧に親切　わかりやすく，親身に　プライバシーも守って
53 歳非正規職。配慮，気配り　やさしく，心せつ（親切）に
60 歳非正規職。収入が　親切に指導　しんみに相談
60 歳非正規職。配慮，気配り　心のよりどころ

わかりやすい

49 歳非正規職。説明はわかりやすかった
50 歳非正規職。こまかくおしえて
52 歳非正規職。気配り　説明はわかりやすかった
52 歳非正規職。的確でわかりやすかった

受け止め・親切

50 歳非正規職。話をきいてもらい　知識をさずけてもらい
50 歳非正規職。わかりやすい説明　半分くらい受け止めて頂けた
58 歳非正規職。たよりに　事情を受けとめて
46 歳非正規職。わかりやすかった　良く話を聞いてもらえた
60 歳非正規職。おしえてくれました　理解してくれた
58 歳非正規職。こまかい事で TEL してもきちんと答えて
50 歳非正規職。穏やかで細部に渡り希望を聞いて
50 歳非正規職。親切　感じた。
51 歳非正規職。いろいろなことが相談　親切に対応

図表 6-7c　46-60 歳非正規職（単身女性）の相談窓口評価

成果と残された 問題領域

残る不安

46 歳非正規職。体調が悪い　稼げない

49 歳非正規職。就職活動がなかなかうまくいかない

50 歳非正規職。たすけてほしいのが家賃

50 歳非正規職。3ヶ月間家賃の補助　その間仕事も決まりました

50 歳非正規職。万策尽き　市役所に　すぐに手をうっていただき

51 歳非正規職。仕事を見つけて収入が得られれば不安はありません

51 歳非正規職。冷静に私の状況を判断して提言　自己破産

52 歳非正規職。食べること（米など……）

55 歳非正規職。債務→引っ越し費用　今後の収入で充分返済
今後は税関係

58 歳非正規職。閉社　持ち金も無く食べる事，家賃も払えず

60 歳非正規職。役所で聞くまで知らなかった事が多すぎて

60 歳非正規職。すめる家がほしい

52 歳非正規職。孤（孤）独感　おしつぶされそう

58 歳非正規職。先き行き　不安

58 歳非正規職。普通の生活をしているときは気がつかなかった

60 歳非正規職。仕事さがし　年令的な事もあり，なかなか決まらなかった

60 歳非正規職。パワハラ　抑うつ　仕事をやめ　生活費にこまり
ひきこもり

60 歳非正規職。自分で生活できていく勇気

同行

46 歳非正規職。同行者がいて助かった

51 歳非正規職。パスモのチャージの仕方を同行　支払いの
優先順位

51 歳非正規職。手続きなどの同行も心強かった

57 歳非正規職。外国人のため手続きに同行　心強かった

58 歳非正規職。仕事探しの時も同行

60 歳非正規職。一人でハローワークに行くよりは，アドバイス
をしてくれる方がいた方が心強い

課題

50 歳非正規職。私は約半年前に DV で離婚したので，精神的
にも肉体的にも弱っており，それを伝える事が出来なかった。

50 歳非正規職。女性の職員の方に出会いたかった　本当の苦
しみを話すことが出来なかった

52 歳非正規職。ギリギリで生活している人達の本当に助かる制
度が無さすぎます。まるで心身（親身）になってない　何かとす
ぐ引っ越をすすめる　カンタンに心無くしゃべる

52 歳非正規職。一時的　助かりました　生計が改善したわけで
はない

55 歳非正規職。最後まで担当していただきたかった

55 歳非正規職。母が障害者　後見人，支援センターの方も嫌
な思い

60 歳非正規職。パートやバイトばかりでは，貧困の社会からぬけ
出せない

49 歳非正規職。何か違うかと思う会話がある

50 歳非正規職。生活保護をうける事の意味は，人間として最低
だともとらえる様な発言をされた。

50 歳非正規職。就労支援　パワハラに合っていると伝えても，
根性論を持ち出され辛かった

52 歳非正規職。対応した職員が感じが悪く，きちんと説明がな
い　こちらの状況や気持ちの理解をしてもらわない言葉ひとことひ
とことにすごく傷つきます。

52 歳非正規職。この年齢だから，すぐ次へ務（勤）めるのにも
大変なのに今の仕事をやめて　とか　カンタンに言う。

55 歳非正規職。相談に行くとなると足が重くなります。（特にお金
の事）

57 歳非正規職。もう少し動らく（働く）様に　生活保護の方から
いわれました

59 歳非正規職。支援を受ける側の逼迫した状況は，中々，伝
わりにくいです。

60 歳非正規職。ワーワーとせきたてられておちこみそうになりまし
た。

へのニーズ，相談者に軽佻浮薄ではなく，慎重居士な態度を求めるニーズ，偏見・予見・決めつけをもった態度，年齢や健康問題など支援の進捗を左右する状況への無配慮，相談内容によって慎重に対応できないことなど，信頼関係が構築できないような相談員・相談窓口は，寄り添い支援に不向きであることを十分に理解する⑫課題の提示で構成されている。今回の分析に抽出されなかった評価の中には，相談と支援とのスピードが早すぎるという評価もあった。現在の厚生労働省の月例報告には，相談件数や成果が公表されることもあり，相談員は，就職が可能な状態と判断すると就職支援を開始して，就職させて実績を上げようとする傾向がある。寄り添い型支援は，相談者のペースにも合わせることが必要である。

4.　整理と結論

　シングル・マザーの相談内容が少ないことは，抱えている問題・生活を不安にしている原因が少ない要因に集約されていることを示している。国立社会保障・人口問題研究所（2020）によると，シングル・マザーの主要な相談内容は，「病気や健康，障害」と「収入と生活費」で，とくに「収入と生活費」と「仕事」は同時に相談内容に加わるという（p. 18）。1980年代の離婚後に生じる生活問題を明らかにした樽川（1989）によれば，それは「生活費の不足」「住宅の問題」「就職の問題」「借金の返済」「家事」の５つであった。

　生活困窮者自立支援窓口を経由して調査を実施しておこなった分析のため，多少の違いはあるが，離死別後の生活問題は金銭問題が中心である。そこに困窮者の場合には健康・障害問題が加わっていることもあり，支援ニーズは待ったなしの状態になっている。支える家族がそばにいないとひとり親世帯（母子・父子）は生活困窮に陥りやすいので（藤原2010，周2014），シングル・マザーの相談者は，出口のない迷路に入り込んだような状態だろう。

　シングル・マザーは，同世代から理解もされず，家族にも誰にも相談できない状態になって相談窓口に訪れると，そこには望外の精神的な安寧の効果もあるようだ。大規模調査の回答では，シングル・マザーは自分には「頼れる人」

がいると回答するので，頼る存在のいないシングル・マザーが困窮に陥っていると考えられる。

　国立社会保障・人口問題研究所（2020）は，女性単身者についても相談内容の分析をおこなっている。女性単身者は，年齢や就業形態にかかわらず，「病気や健康，障害」を中心に相談内容が構成されており，複合的な相談の場合の中心は，健康・障害などの問題である。相談内容が少ない場合には，「収入・生活費」と「仕事」に特化して，支援内容としては，就労支援を受けている（pp. 19-20）。

　女性単身者の相談内容は，健康・障害を中心に複合的な問題を抱える層と，仕事に困難さを抱える層とに分かれていることがわかる。他方で，本章の分析からは，非正規職で年齢が高い層（46-60歳）は，家族に相談できず一人で抱え悩んでおり，寄添い型の相談支援を評価している。これらの結果を合わせて考えると，相談窓口では，正規職の相談支援は，「病気や健康，障害」の問題を抱えていなければ，若い世代ほど就職支援などで対応しており，「病気や健康，障害」の問題を抱えていると，正規職であっても非正規職であっても複合的な問題を抱えている可能性が高い一方で，窓口支援は心の支援も含めた寄り添い支援を提供していると考えられる。加えて支援対象者に合わせて緩急をつけることも求められている。

第7章

就職氷河期世代の生活と生活の向上
―支援ニーズから―

第7章では，就職氷河期世代をとりあげ，2つの調査（調査1と調査2）にも
とづいて分析をおこなう。この世代は，高齢の男性単身者，シングル・マザー
と女性の単身者同様に，近年社会問題化している層である。就職氷河期世代は，
第5章と第6章で扱った，社会の構造がゆっくり変化しているために生じてし
まう社会リスクと密接に関わったリスク層とはことなり，長期の経済不況期に
社会リスクを負った層である。戦後日本社会が作り上げた雇用の新規学卒者一
括採用システムは，学校から職場へスムーズに移行することを可能にした。そ
のため，新卒者として就職に失敗すると，その後も状況を改善しにくい。就職
氷河期世代は，新卒者のニーズが10年前後も低下した時期に就職に失敗し，
その後も改善できないまま，現在も生活にリスクをもつ層であると位置づけら
れている。

1 長期化したリスク層

2019年7月31日，就職氷河期世代の就労に向けて，政府は内閣官房に就職
氷河期世代支援推進室を設置した。一億総活躍推進室，働き方改革実現推進室
など2019年4月現在で内閣官房に37ある局・部・室に新たに1つの室が加わ
った[1]。

1）局には，東京オリンピック競技大会・東京パラリンピック競技大会推進本部事務局をはじめとし
　て，拉致問題対策本部事務局，まち・ひと・しごと創生本部事務局など7カ所が含まれ，部として
　は，唯一の TPP（環太平洋パートナーシップ）等政府対策本部がある。詳細は内閣府のホームペ
　ージを参照（https://www.cas.go.jp/jp/gaiyou/index.html）。

　同年6月21日に閣議決定した「骨太の方針」では，「就職氷河期世の支援プログラム」は，「所得向上策の推進」の項の①に位置付けられ，②には「最低賃金の引上げ」が並記されている。

　この「骨太の方針」では，「就職氷河期世代」を次のように定義している。この世代は，年齢は30代半ばから40代半ばであることに加え，「雇用環境が厳しい時期に就職活動を行った世代であり，その中には，希望する就職ができず，新卒一括採用をはじめとした流動性に乏しい雇用慣行が続いてきたこともあり，現在も，不本意ながら不安定な仕事に就いている，無業の状態にあるなど，様々な課題に直面している者」（p. 24）と定義する。

　実際に支援対象者として想定されているのは，「正規雇用を希望していながら不本意に非正規雇用で働く者（少なくとも50万人），就業を希望しながら，様々な事情により求職活動をしていない長期無業者，社会とのつながりを作り，社会参加に向けてより丁寧な支援を必要とする者など，100万人程度」（同，p. 24）である。政府はこの世代を対象に3年間で30万人の正規雇用者を増やすことを目標に掲げている。

　このような目標に対して実施する施策は，「相談，教育訓練から就職まで切れ目のない支援」を目指し，以下の6つの軸に沿って実効性を高めていくことになる。ひとつひとつの軸は，①「きめ細かな伴走支援型の就職相談体制の確立」，②「受けやすく，即効性のあるリカレント教育の確立」，③「採用企業側の受入機会の増加につながる環境整備」，④「民間ノウハウの活用」，⑤「アウトリーチの展開」，⑥「支援の輪の拡大」である（同，pp. 25-26）。

　就職氷河期世代が抱える固有の課題として，「希望する就業とのギャップ，実社会での経験不足，年齢の上昇等」を提示している（p. 24）。

1.1　就職氷河期世代とは

　戦後の日本社会は，1990年代の後半まで数回の短期的な経済的停滞を経験したものの，1990年代半ばから10年ほど続いた長期不況という例外を除くと，安定した状態で推移してきた。

　1990年代以降，この時期を含めた経済指標による多様な捉え方があるもの

の，政治体制との関係からこの時期を捉える「失われた 10 年」といったよく
使われるフレーズによれば，1991 年から小泉内閣の構造改革による 2002 年の
景気回復までを指すことでおおむね社会的に合意がえられている。

　ただし，雇用動向は経済指標の景気動向の捉え方に対して若干のタイムラグ
を生じることが知られている。そのため，一般には，1990 年代はじめから
2000 年代の半ばにかけて新卒者の就職指標による停滞期に学校を卒業して社
会への参入において負の影響を受けた世代を，就職氷河期世代という。

　すでにみたように，2019 年の骨太の方針にその世代に向けた支援策を講じ
ることが明記されている。この方針に基づいて厚生労働省は従来のさまざまな
施策を組み合わせてこの世代への対策を作り上げている。

　政府の経済財政諮問会議が 2019 年 6 月 11 日に示した「骨太の方針原案」で
は，就職氷河期世代に対して 3 年間の集中的な支援プログラムの実施が示され
た。就職氷河期世代の支援は，「Society 5.0 時代にふさわしい仕組みづくり」
を構成する 4 つの柱，「成長戦略実行計画をはじめとする成長力の強化」，「人
づくり革命，働き方改革，所得向上策の推進」，「地域創生の推進」，「グローバ
ル経済社会との連携」のうち，2 番目の「人づくり革命，働き方改革，所得向
上策の推進」の中の，「所得向上策」に位置づけられている。

　就職氷河期世代に対する短期間の正規雇用化プログラムは，後述するように，
この世代の将来リスクを払拭するために，今後の安定した雇用と，現在加入し
ている国民年金ではなく受給額の大きい厚生年金を受給することにより老後の
経済的な生活リスクを下げることを目指している。

　他方，雇用の正規化を目標とするプログラムには，支援目標が一元的過ぎる
のではないかという批判もあるだろう。厚生労働省就職氷河期世代活躍支援プ
ラン（2019）では，「引き続き不安定な就労，無業の状態にある方」と枠付け
して，「早期離転職等により，概して能力開発機会が少なく，企業に評価され
る職務経歴も積めていない。」「加齢（特に 35 歳以降）に伴い企業側の人事・採
用慣行等により，安定した職業に転職する機会が制約されやすい。」「不安定な
就労状態にあるため，収入が低く，将来にわたる生活基盤やセーフティネット
が脆弱。」という課題を抱えている，より広い不安定層を想定している（同，

p. 1）。正規化ニーズにとどまらない幅広い不安定層の共通のニーズに対応したプログラムという位置づけになっている。

この設定は，就職氷河期世代といっても，単純に非正規雇用者を正規雇用者に転換するというわけではなく，この世代の生活困窮者あるいは引きこもりなどの無業者を対象としているとも読むことができるだろう。

本章は，改めて就職氷河期世代の問題をクリアにするとともに，国立社会保障・人口問題研究所で実施した，2つ（相談窓口調査と支援ニーズに対するフォーカス・グループ・インタビュー調査）の成果に基づいて（第4章参照），支援対象のニーズと支援策の対照性について検討を行うことにしたい。

正規雇用への収束・収斂のための支援は，地域とハローワークが強力な推進力をもって協働して推し進めることによって可能となるが，生活不安が払しょくできるかどうかは予断できない。かりに正規雇用に就いたとしても，それ以前の生活との変化・新しい生活への順応ペースがうまくいかないことも生じるだろう。正規雇用になれば，生活の不安が払しょくできるというわけではない。

調査の詳細は第4章を参照してもらうとして，本章は，2017年度の生活困窮者自立支援を対象とした全国相談窓口調査（調査2）と2018年度に東京23区・東京23区外・京都市・仙台市で実施した生活支援ニーズに関するグループ・インタビュー調査（調査1）[2]から，就職氷河期世代にあたる36-45歳の正規雇用者と非正規雇用者を抽出し，多層間の比較分析をおこなう。

1.2　就職氷河期世代のプロフィール

ここでいう就職氷河期は，バブル経済の崩壊後の1993年から10年あまりのあいだに日本企業が新卒採用を極端に抑制しつづけた時期を指す。「高成長を知らない世代の先頭に立」ち，「一部は団塊ジュニアと重なり人口ボリュームが大き」く，現在は30代後半から40代前半の中堅層を迎え，働き手の中心になるゾーンに」入っている（下田 2017）。2つの大手新聞では，就職氷河期世代について，大卒者の就職率の推移（毎日新聞）や有効求人倍率の推移（日本

2）グループ・インタヴュー調査は，2017年においても東京23区・東京23区外・京都市の3地点で実施している。詳細は第4章4.2を参照のこと。

経済新聞）を用いて確認している。どちらも就職氷河期世代を 1993 年から 2005 年までに労働市場に登場した世代としている。

　近年，就職氷河期世代について積極的にその特徴を描き出してきた下田 (2019b) は，この世代と重なる年齢層の非正規雇用比率と非労働力比率が上の世代よりも高いこと，とくに就職氷河期世代の年長世代と重なる団塊ジュニアは，親の介護問題が現実的になっているうえに，少ないきょうだい数により 1 人あたりの負担が大きく，そのことがかれらの就労に負の影響をもたらすだろうと予測する (p. 29)。

　就職氷河期の非正規雇用の老後生計費を試算した山本 (2016) によると，400 か月（33.3 年）以上の基礎年金加入で基礎的消費支出を賄うことができると試算した（同，p. 458)。400 か月はかなり長い年数であり，この間不安定な雇用状態がつづくことで，とくに主たる家計支持者が様々なリスクにさらされ続け，これに対処するのは負担がおおきい。非正規雇用の処遇は改善傾向にあり，2018 年 4 月から改正労働契約法の「5 年ルール」や同年 10 月 1 日から適用の改正労働派遣法の「3 年ルール」などの運用を開始しており，無期契約を結ぶことで老後の生活費の上積みが可能になっている。

　他方で衝撃的な推計もある。2008 年現在の非正規雇用・無業者を前提に就職氷河期世代の潜在的な生活保護受給者推計をした辻 (2008) は，その数 77.4 万人，追加的な予算額累計は約 17.7~19.3 兆円の規模になるとした（同，p. 114)。

　隣接する世代との比較によって就職氷河期世代の現状を明らかにした研究もある。黒田 (2017) は，40 代前半の大学・大学院卒の月給を 2010 年と 2015 年時点で比較し，2010 年と比べて平均して月額約 2 万 3 千円少ないとした（同，pp. 53-55)。また勤め先で教育や訓練を受けた経験が少ないと感じている割合が高く（連合総合生活開発研究所 2016，pp. 40-44)，初職時点で自分の生活費を賄うことができた割合が，就職氷河期世代よりも前の世代の 1968-72 年生まれと比較して，就職氷河期世代を含む 1983-87 年生まれで低下している事実を明らかにしている（西村 2014，p. 394)。

　就職氷河期世代が就職を迎えたときの労働市場の悪化が「世代効果」として

長期的に就職氷河期世代に負の影響を与えているという太田（2010, p. 515-516）や，そもそも低賃金である大量の高齢者が，潜在的な競争相手としていたことを原因とする研究もある（玄田 2017, p. 3）。香川・西村（2015）では，太田の長期的な負の影響を過去の職歴との関係で確認をおこない，第2職以降の転職において，正規職へのなりやすさには学歴の影響はなく，初職が正規であることが関係していることを示した（同, pp. 40-41）

1.3　就職氷河期世代への支援策

厚生労働省の就職氷河期世代の支援の概略は，「厚生労働省就職氷河期世代活躍支援プラン」（2019）の概算要求からうかがい知ることができる。その基盤となるのは，都道府県レベルのプラットフォーム（行政・企業側：労働局，都道府県，市町村，各省地方機関，ポリテクセンター（職業能力開発推進センター），経済団体，業界団体，金融機関など）と福祉側のプラットフォーム（自立相談支援，地域若者サポートステーション，ハローワーク，経済団体，ひきこもり地域支援センター，ひきこもり家族会等からなる市町村レベル）である（同, p. 2）。

地域で担う支援には，多機関・多職種連携の要請が強いが，そもそもその連携自体が非常に困難なものであることから，地域包括ケアあるいは生活困窮者自立支援制度の経験を踏まえて（遠藤・西村監修 2018），官製の標準的な連携体制（→地域支援協議会など）を提示していると思われる。

このプラットフォームを起点に，①戦略的広報による誘い込み，②活用可能な支援メニューの発信とアウトリーチ型の支援体制の整備，③成果連動型民間の活用，④ハローワークの担当者によるチーム支援，⑤業界団体等との連携と就職に繋がる短期的トレーニングの創設，⑥対象となる世代向けの，求人開拓・マッチング・助成金の活用促進，⑦トライアル雇用・実践的訓練の実施に対する訓練費・賃金の一部助成がある。

無業者・ひきこもりに対しては，⑧地域若者サポートステーションに，ハローワークの就職支援・訓練プログラムを組み合わせて提供，その窓口・支援機関の所在広報で対応する。全体的な支援体制の共通理念を提示しており，生活困窮者自立支援制度でもたびたび先進事例の合言葉となってきた⑨「断らな

い」支援体制を整備するという（同，pp. 2-5）。

2.　分析

2.1　分析の結果①──フォーカス・グループ・インタビュー

　図表 7-1 は，東京都 23 区内，東京都 23 区外，京都市，仙台市という 4 つの人口規模の大きい地域で実施した調査の結果である。3 つ目のテーマである，「働く前と働いてから必要（だった）と思う支援」に対する自由回答をもとに収束した項目とその順位は，図表中で反転して示している。

　まずそれぞれの調査地区の就職氷河期世代の正規の結果をみると，どの調査地区においても就労と関係する項目は，生活にとって優先順位の高い項目とはなっていないことがわかる。東京 23 区内では，3 位〜5 位と 13 位〜14 位に位置づけられている。東京 23 区外では，6 位，8 位と 11 位〜13 位である。京都市は，3 位と 8 位，仙台市は，5 〜6 位，10 位，13 〜14 位である。

　そのなかでも東京 23 区内ではスキルアップ・知識取得支援の優先順位が高く，東京 23 区外では働く環境整備支援項目が働き方改革・社会人教育の前に入る。京都市は仕事を得るための個人支援ニーズ，仙台市は生活レベルのアップという内容の優先順位が高くなっているのであるが，その内実は最低賃金・失業保険の充実支援ニーズであり，休暇や在宅など働き方改革である。現行の支援よりも就業環境の改善を期待する支援ニーズが高い。

　優先順位が低い方をみると，東京 23 区では最低限の基礎知識やマナーで構成される働く前の基礎知識，就活時の費用についてまとめた金銭的な支援は低く，東京 23 区外では社外の団体や自治体からの支援についての社会活動支援ニーズが低いとみなされている。京都市は就労環境の悪化するなかであっても企業支援を求めることはしない。仙台市は転職などのマッチングや，能力開発，資格取得など多様な機会を支援する職業の多様化支援が低い結果となった。正規雇用に従事しているグループでは，安定した雇用状態にあり，現在の状態から向上するための項目にあまり関心をもっていない。

　非正規の優先順位の高い結果をみてみると，東京 23 区は，既婚の場合は，

図表 7-1　36-46 歳の支援

	東京 23 区 36-45 歳の支援ニーズ（2018 年）		
順位	正規	非正規	
	婚姻別なし	既婚	未婚
1	育児	老後の不安	生活
2	勤務形態	医療・介護の支援	健康
3	スキルアップ支援（1）	医療費の不安	医療
4	就業後の知識取得支援（3）	年金の不安	仕事
5	制度面の支援（2）	教育の不安	教育（1）
6	医療	保育・育児への不安	職場環境（2）
7	介護	就労中の子育て支援（3）	労働時間（3）
8	老後の定義	子どもの支援に関する地域間格差の是正	休暇（4）
9	年金	女性の働き方への支援	つながり
10	老後の情報収集	女性の多様な働き方への支援（1）	結婚
11	金銭対策	スキルアップ支援（2）	出産・育児（女性含む）
12	リタイヤ前後の情報収集	就労支援（5）	介護
13	金銭的な支援（4）	不安の対処，収入の保障（4）	独立（5）
14	働く前の基礎知識（5）	出産助成金	国
15	若年者層への情報収集	―	―

	京都市 36-45 歳の支援ニーズ（2018 年）		
順位	正規	非正規	
	婚姻別なし	既婚	未婚
1	介護・介護	情報	より働きやすい社会
2	生活	介護・健康	働き方
3	個人に対する支援	健康保険制度	新しい働き方（2）
4	労働環境	年金・老後	労働者への教育（1）
5	医療	生活費	働きやすい産休育休体制　保育園
6	保育施設	育児	年金　老後問題
7	情報	介護	働くための医療サービス（3）
8	企業に対する支援	育児中の就労（1）	ハローワーク　就労支援（4）
9	行政	スキルアップ（2）	制度の一元化・簡素化
10	―	失業保険のあり方（4）	公共支援　公共サービス
11	―	ライフライン	高齢者の活躍
12	―	選べる治療	これからの社会に望むこと（5）
13	―	企業の改善（3）	―
14	―	ハローワーク（HW）（5）	―
15	―	結婚・出産	―

出典：国立社会保障・人口問題研究所（2019），表 7（p. 55），表 8（p. 57），表 9（p. 59）より作成

ニーズとその優先順位

	東京 23 区外 36-45 歳の支援ニーズ（2018 年）		
順位	正規	非正規	
	婚姻別なし	既婚	未婚
1	働き盛り世代に対する支援	就労中（1）	収入の安定
2	介護自体に対する支援	生活保障	賃金（1）
3	お金	出産育児中の仕事	健康第一
4	医療・介護・保育施設改革	育児支援	職場環境（4）
5	保険制度の改革	給付	助け合い社会
6	制度と環境支援（1）	出産	コミュニケーション
7	法制度改革	介護	高齢者支援
8	働き方改革（2）	再雇用（2）	病後
9	価値観や生き方の改革	高齢者の仕事	ロスジェネ
10	健康に関する情報化社会	終活	就活（2）
11	社会人教育（3）	支援のニーズ	育成（5）
12	初職・転職サポート（4）	医療	婚活
13	社外活動の支援（5）	就労前（3）	家族生活
14	受ける側の自助努力	情報	ハローワーク（3）
15	現役世代の自助努力	不公平感	―

	仙台市 36-45 歳の支援ニーズ（2018 年）		
順位	正規	非正規	
	婚姻別なし	既婚	未婚
1	公正・公平な税金の使い方	育児環境支援	企業に向けた法整備（1）
2	一億総健康社会	教育支援（1）	労働環境・働き方に関する要望
3	出産育児対策	育児支援（3）	派遣・非正規雇用に関する要望
4	国の教育支援	介護環境の改善	育児支援
5	生活レベルアップ（3）	介護支援（4）	出産・育児に関する支援
6	真・働き方改革（1）	金銭的支援	働きやすい環境づくり（2）
7	介護対策	医療制度の見直し	医療支援
8	安心介護計画	役所の対応改善	結婚に関わる支援
9	メンタルヘルス	支援制度の情報制度の改善	退職後の支援（3）
10	自分でできることをがんばる社会（2）	資格取得支援（2）	就職後に向けての支援（4）
11	安心年金計画	公的支援機関の改善	お金に関する支援
12	リタイア後の生き方	介護保険制度の改善	高齢者に対する支援
13	職業の多様化（4）	住宅支援	介護支援
14	マッチング（5）	もらえたら嬉しい支援	年金
15	一億総めぐりあい	もらえたら嬉しい支援 part2（5）	―

就労中の育児支援，控除や働き方に関する女性への多様な働き方支援であり，未婚は兼業・転職などの独立支援は高い。東京23区外は，既婚の場合は，就労中に得られる多様で柔軟な働き方への支援，未婚の場合は，同一労働同一賃金等平等化支援，見合った内容，利益還元などが高い。京都市の既婚は，東京23区同様に，育児関連の就労支援ニーズが高く，そしてスキルニーズが満たされていないことが示されている。未婚は，在宅・テレワーク・時短などの新しい働き方支援は高く，法律，学校，ハラスメントへの労働者への教育支援体制へのニーズが列記されている。仙台市の既婚は，仕事に対する法や知識という教育と，子育てに関する育児支援ニーズ，未婚は，労働関係法制や労働環境整備に関する企業に向けた法整備支援と，福利厚生という働きやすい職場づくり支援ニーズの優先順位が高くなっている。

　非正規の優先順位の低い結果をみてみると，東京23区の既婚は，体調，失業・加齢に対する不安の対処・収入の保障支援の優先順位は低く，未婚では兼業・流動化策などのニーズが低い。東京23区外の既婚は，就労前に職場情報の取得について支援ニーズが低く，未婚はハローワークなどの情報環境の向上やスキルアップ・技術向上などの企業の育成支援についてはニーズが低い。京都市の既婚は23区外の未婚と同様に，ハローワークの改善支援，未婚は，これからの社会に臨む支援として文化面への金銭的援助，正当な対価の支払いなども低い。仙台市の既婚は，有休や諸々の祝い金の支援ニーズは低く，未婚はハローワークなどの利用や，就職後に向けた支援のニーズは低い。

　改めて整理してみると，就職氷河期世代の正規雇用の支援ニーズの優先順位は，世代内では比較的安定した雇用を背景にしつつも，各調査地点で若干の差異がある。東京23区内はキャリアアップ，東京23区外は環境の向上，京都市は職を得るための支援，仙台は雇用保障の充実による生活の安定である。他方で正規の優先順位の低い支援ニーズは，マナーなどの基礎知識，就活の金銭的支援，企業に対する支援，多様な機会を利用するための手段など，手段的な支援ニーズは低くなっている。

　非正規は，既婚・未婚により明らかに支援ニーズが異なっている。優先順位の高いニーズは，既婚では育児関連の支援，未婚では働き方の平等や多様性に

関する項目である。

　就労を含めた老後，医療・介護・育児など全体としての支援ニーズについてみると，教育・研修・学習などの支援ニーズは，優先順位の高低に関係なく項目として挙がっている。社会保障に関わるニーズについては，正確に知っていることが少なく，問題が発生するたびに情報不足に陥っている可能性が高い。

2.2　分析結果②──相談窓口調査（調査 1 ）

　分析には，第 5 章と第 6 章と同様に，回答した相談窓口評価に関する自由記述欄のテキストと年齢と就業状態（正規職，非正規職）を組み合わせたタイプ別（例：38歳正規職，43歳非正規職…）にテキストの紐づけをして，記述内容の近似する項目を集約し，配置して整理した図表を使用する[3]。図表は，就職氷河期世代（男性正規職と男性非正規職）と就職氷河期世代（女性正規職と女性非正規職）の属性に合致し，自由記述への記載がある回答者から作成している。

　就職氷河期世代の場合も，高齢男性単身者（第 5 章参照）とシングル・マザーと女性単身者（第 6 章参照）同様に，相談窓口に対する自由記述による評価を取り上げて質的な共通点に配慮して整理をおこなった。その評価が，3 つの章で共通したものを使用しており，相談を開始してから支援を受けるまでを時系列で並べて，4 つの領域に大別することができる。1 つめは，相談窓口で相談を開始する前後の時期である「導入の領域」である。2 つめは，相談内容に基づいて窓口で実際におこなわれた「手続きの領域」である。3 つめは，相談支援の結果，具体的な支援内容について記述する「成果の領域」である（第 4 章と第 5 章参照）。

　「導入の領域」は，誰にも相談できなかったことが相談できた，話を聞いてもらえたなど，相談窓口が「たらい回し」することなく，幅広く門戸を開いていることに対しての評価群である。「手続きの領域」は，相談者の相談内容に対して，具体的な手続きの実施についての評価群である。「成果の領域」は，

---

3 ）データセットは，個人情報に関する保護の観点，研究倫理に関する諸学会の規定を参照して，自治体・地域名・団体名・個人名は削除し職名は残して作成した。自由記述の整理については，重複，趣旨と異なる記述，冗長と思われる謝辞等の部分は削除している。図表に配置の段階で，趣旨が伝わる部分以外を削除した場合もある。

具体的な支援内容に結びついた事実関係だけではなく，相談によって前後に肯定的な変化をもたらしていること対しての評価群である。「課題の領域」は，もちろん，相談窓口の限界だけではなく，今後改善すべき重要な評価群が含まれている。これらの領域は相談者が抱える問題が単純なものから複雑・複合的な問題まであるため，重なり合うことがある。

2.3　就職氷河期世代（男性）の評価

　はじめに，男性の評価について，正規と非正規を分けて抽出・分類した結果をみることにしよう。就職氷河期世代の男性正規では，4つの時間軸をもった評価と7つの側面を示す層構造に，男性の非正規では3つの時間軸をもった評価と6つの側面を示す層構造にそれぞれ整理できることが分かった（図表7-2と図表7-3）。

　就職氷河期世代男性正規では，「導入の領域」は2層で構成されている（図表7-2）。相談の評価は，相談できることが①やる気，気持ちを楽に，と②いつも気にかけ，親身，で構成されている。相談により，不安は楽に，そして精神的に楽になり，解消され，落ち着き前向きになっている。相談員の親身な態度が安心をもたらすというように，まずは相談者の気持ちに寄り添っていることが確認できる。第5章の高齢男性単身者では，相談にスムーズに入れることが評価されており，ここでも同様の評価を受けている。

　「手続の領域」も2層で構成され，相談を繰り返しながら，③問題の整理，④わかりやすさが評価されている。第5章，第6章において特に注目した「同行」手続きの評価に比べると，男性正規の「手続の領域」を構成するのは，面談を中心とする手続が進められ，相談者の課題を整理している点が評価されている。

　「成果の領域」は3層で構成され，就労支援というよりは，⑤食糧支援（就労支援含む），⑥家賃補助，⑦住宅という生活困窮者自立支援で実施する事業名に対応した支援が具体的に提供されている。

　就職氷河期世代の男性非正規は，同様に「手続の領域」に対する評価をもたない。「導入の領域」では，①楽，親身，②わかりやすい，丁寧，③理解，共

図表 7-2　就職氷河期世代（男性正規）の相談窓口評価

導入の領域

やる気，気持ちを楽に

36 歳正規。自分と家族の気持ちが落ち着く

37 歳正規。不安が少し楽に

38 歳正規。住まいや仕事に関することを中心に，不安が解消されていった

39 歳正規。前向きに活動する事が出来た。気持ちも支え

40 歳正規。相談できる人がいることで前向きでいたられた。成果が伴うようになってからは，心強く感じられるようになった。

41 歳正規。気持ち的にありがたかった。

42 歳正規。落ち着いている。

44 歳正規。精神的に楽になった。

45 歳正規。精神的に楽になり，心が安定

手続きの領域

問題の整理

36 歳正規。就職のためハローワークとの面談

38 歳正規。就職のためハローワークとの面談ができた。

44 歳正規。定期的な面談でやらなきゃという気持が出来

44 歳正規。人と話す自信が取りもどせ就職に向かう事が

38 歳正規。ローンがあってどのように支払い

40 歳正規。病気になって仕事上の不安

40 歳正規。家計の管理がグチャグチャになっていた

40 歳正規。長期で話したことによって，こちらの考えを理解してもらえ

45 歳正規。家計簿をつけるいい機会になった

成果の領域

食料支援（就労支援）

37 歳正規。社会復帰（就労）ができたので，就学支援には助けました

40 歳正規。食べる物にも困っていた

40 歳正規。食糧支援は本当に助かりました。

43 歳非正規。働き始めたばかりなので食糧支援は金銭面，体力面において非常に助かって

44 歳正規。食糧支援で不足分を頂け助かりました。

44 歳正規。特に助かった支援は，食糧支援

いつも気にかけ，親身

39 歳正規。病院検査への同行手続き等　親身

41 歳正規。TEL もいただき，

42 歳正規。親身になって相談に乗って頂き，助けられました。その時おかれている状況から，可能な答えを出して頂きました。

43 歳正規。自分の事のように心身（親身）

45 歳正規。定期的に支援してくださって安心しています。電話連絡してくれて　親身

わかりやすさ

43 歳正規。わかりやすかった。

44 歳正規。分かりやすい説明であった

家賃補助

38 歳正規。家賃補助。

39 歳正規。家賃等の返済計画と支援に助けられた。生活支援金で生きてこられた。

39 歳正規。就職活動中でしたので家賃補助

42 歳正規。たまっていた公共料金，家賃を金利も安く借入

45 歳正規。家賃補助が特に助かりました

住宅

37 歳正規。住宅の確保が出来てよかった。面せつ時等でのフォロー

37 歳正規。住宅の確保が出来てよかった。

38 歳正規。住宅確保給付金，定期的な面談による就職への後押し

43 歳正規。住宅の確保が出来てよかった

課題の領域

36 歳正規。緊急小口資金，もう少し短縮できれば

41 歳正規。気持ちは落ち着くことができたが，支援金が少なく生活上は大変

42 歳正規。公共料金，家賃の交渉については，何のアドバイスも受けられず，全部自分でやりました。知識の部分ではプロの相談員としてしっかり持っていて欲しい

44 歳正規。再就職手当の申請をして来ました。支給決定まで，一ヶ月から一ヶ月半くらいかかると言われたので，それまでの生活が苦しい

44 歳正規。窓口があること自体，知らない，知られていない

45 歳正規。家賃補助1年とか2年とかもう少し期間をのばして欲しい

図表 7-3 就職氷河期世代（男性非正規）の相談窓口評価

導入の領域

楽に，親身

37 歳非正規。気持ちとしてはとても助かりました。就職に向けた支援

38 歳非正規。とても楽になりました 44 歳非正規。生活全般で，気持ちが楽になりました。

37 歳非正規。不安な事，家庭の事情などはきだせて少し楽に。親身

37 歳非正規。気持ちが少し前向きになった。 44 歳非正規。親身にな
見学から入ることで，緊張が少しほぐれた。 って相談

40 歳非正規。少し安心感が得られた。 45 歳非正規。相談に親

43 歳非正規。少し気が楽になった。 身にのってくれて，アドバ
イスをくれた

39 歳非正規。悪いさそいをことわる事ができました。職員様達の気配り，
配慮対応がひじょうにしんせつ

40 歳非正規。相談していく中で，自分の背中を押してくれた事。気配りや
迅速な対応

44 歳非正規。大変気配りして頂き

わかりやすい，丁寧

36 歳非正規。少し気持ちは楽になりました。わかり易く説明頂きもとても丁
寧な対応

38 歳非正規。説明もわかりやすい

40 歳非正規。多少楽になった，わかり易く

41 歳非正規。大変助すかりました。わかりやすかった。

37 歳非正規。分からなかったことは次に来るまでに，調べていただいたり
して，ちゃんと説明してくださいた

38 歳非正規。いろいろアドバイスとか，もらえてよかったです。ていねいに
説明

43 歳非正規。自分に使える制度，丁寧に教えてくださり

理解，共感

40 歳非正規。次第に理解が深く

40 歳非正規。住居確保給付金と従前トラブルの話を聞いてもらい 共感し
てもらえた

42 歳非正規。話しやすかったです。わかりやすく説明してくれました。持病
を理解

42 歳非正規。問題が山積みでしたが，専門家に相談できて，前進できた

44 歳非正規。的確なアドバイスをして頂き，そして何よりも私の境遇を理解

成果の領域

就労支援

40 歳非正規。介護のこと
で相談したところ地域包括
支援センターの方を紹介

40 歳非正規。職安に同行してもらい，単期間（短
期）ですがアルバイト。

40 歳非正規。仕事が決まって働きだしてやっと人並
の生活

41 歳非正規。支援を受けて一番就職したい所に
入る事が出来

41 歳非正規。職場の理解とくらしサポート課のスタッ
フの方の助けにより週 5 日 2h 程の業務をこなして い
けるまでに

41 歳非正規。続けてはたらけることになって良かっ
た。はけん会社に電話

43 歳非正規。ハローワークへの同行や税金の支払
いの為の相談同席

44 歳非正規。面接に必要なスーツまで手配して頂
き，おかげ様で職業訓練校に合格

お金

45 歳非正規。とまるとこがあってよかった。しゃきょう
のかしつけのそうだんがよかった。

38 歳非正規。子供への学習支援はたすかります

37 歳非正規。農協の住宅ローンが父の病気で免
除。税金の滞納分を毎月払えるようになった。

43 歳非正規。チャレンジネットを紹介

主要支援

44 歳非正規。食料支援 45 歳非正規。食糧支援

42 歳非正規。家賃の補填，非常に有り難い給付
制度

43 歳非正規。住宅支援金

課題の領域

37 歳非正規。今の制度を，私に当てはまる制度を協力してくれたが，結局国は，こんなものだなあと改めて感じた。
仕事を見つけるまでの生活支援制度がほしい。（生活保護ではなく）

感という3つの層で構成されている。同じ世代の正規職と比べると，相談における親身な態度や気持ちを楽にしてくれ，わかりやすい説明と丁寧な態度によって，相談の初期段階で相談者を安心させている点を評価しているところは，同じである。

　同時に，就職氷河期世代の男性非正規特有の評価は，相談員が相談者のもつ個別の事情に対する理解，状況に対する共感するという点を評価しているところである。理解や共感は，相談者が相談員に受け入れられたというサインである。非正規では，手続きに進むよりも，まずは自分の抱えている問題を受け止めてほしいというニーズが存在するようである。

　「成果の領域」は，就労関連の支援である④就労支援，（貸付やローンなどの）⑤お金，⑥主要支援の3層で構成されている。正規職と比べると，就労支援の評価に厚みがあり，主に貸付関連のお金に対する評価があるが，事業名のついた主要支援への評価は小さい。

2.4　就職氷河期世代（女性）の評価

　ついで，女性の評価について，正規と非正規を分けて抽出・分類した結果をみることにしよう。就職氷河期世代の女性正規では，4つの時間軸をもった評価と4つの側面を示す層構造に，女性の非正規で4つの時間軸をもった評価と5つの側面を示す層構造にそれぞれ整理できることが分かった（図表7-4と図表7-5）。

　就職氷河期世代の男性と比べると，女性の場合は，とくに「成果の領域」の評価に異なるところがある。これは大きな違いというよりは，質的な違いといっていいだろう。就職氷河期世代の女性は，男性と比べて，「成果の領域」を構成する具体的な支援が，複合的な支援となっている。この傾向は，女性の非正規に強いように思われる（図表7-4）。

　就職氷河期世代の女性正規の場合，「導入の領域」は2つの層で構成され，「手続の領域」と「成果の領域」は1つの層で構成されている（図表7-4）。

　「導入の領域」は，シングル・マザーと46-60歳女性単身者で確認できた①抱えてきた悩み，理解，受け止めと，相談窓口では普遍的な側面といってよい，

図表 7-4　就職氷河期世代（女性正規）の相談窓口評価

導入の領域　　　　　手続の領域　　　　　成果の領域

| 抱えてきた悩み，理解，受け止め | わかりやすい，丁寧 | 就労支援 |

37 歳正規。前職に在職中の頃から　親身に求人を探して　応募や面接等の対策も一生懸命に考えて下さり

43 歳正規。言えない不安や辛さを担当の方に　気持ちの上で支えに
調べてくれたり，私の気持ちや辛さも理解してくれていた

45 歳正規。まず話を聞いていただけた事　色んな角度から対処方法を考えて
丁寧に説明

45 歳正規。早く相談すればよかったと思った。わからない部分は説明。

40 歳正規。仕事も決まり，生活が安定しつつ

44 歳正規。就職支援では何度もハローワークに
同行

45 歳正規。就職の手伝い　ハローワークに同
行条件を満たしていませんでしたが，相談員さ
んがていねいに説明　採用

| 親身に，安心，支え | |

37 歳正規。心の拠り所にはなった。安心感
がありました。

40 歳正規。相談員に話す　少し安心

41 歳正規。わからない事を知る　とても親
身に

42 歳正規。心の支え

43 歳正規。いつも相談

43 歳正規。しんみに　色々な情報を提供

44 歳正規。こまめに連絡を　精神的に支え
親身に

44 歳正規。胸の内を聞いてもらい

44 歳正規。前へ向かって　親身になって
できるはんいの事をとても一生けん命

39 歳正規。わかりやすかった

45 歳正規。母子家庭課等で相
談
⇒分かりやすかった

41 歳正規。親切に対応　ていねい
な対応　必要な書類も細かく説明
その後の電話（週１度の連絡）

43 歳正規。息子に関
しての進路や進路に供
う（伴う）資金，計画
等や私自身の就職活
動，面接の練習，給
料をもらうまでの食糧支
援等，

42 歳正規。就職の支
援　仕事に就けまし
た!!
家の家賃には　かなり
助けて

| 家賃補助 |

41 歳正規。家賃補助

43 歳正規。家賃の引
き下げ交渉もしてました。

| 食料支援 |

41 歳正規。食料支援。

45 歳正規。食糧，面談（精心，心理面で）

44 歳正規。家計相談で，食糧支援

39 歳正規。家計の見直し。

40 歳正規。住む所が
なくなる不安が解消
　　　　　家賃補助

| 住宅 |

45 歳正規。債務整理やアパート探し，手続き
など　全てを一緒に
何も問題や不満はなかった。

39 歳正規。就職に向けて，ハローワークの職員の方を通じて親身に

45 歳正規。安心できた

45 歳正規。安心　イヤな顔もしない

39 歳正規。同じ先生に
無料で何度も相談できる。

45 歳正規。セミナーをひらいてもらったり

課題の領域

37 歳正規。市役所内の面談ブースが狭く，落ち着かない。又，隣の話し声が聞こえる。

39 歳正規。引き継いだ方から連絡して頂けたら，

37 歳正規。入口がわかりにくい。テナントのため案内が書きにくいのは分かるが　初めて入るのに開かれた状態ではないので，気軽
に行ける場所ではないと思った。

43 歳正規。離婚をしていないというだけで，形式的には母子家庭であっても，手当てがいただけない

②親身に，安心，支え，という層で構成されている。相談者は相談員から親身な態度で接してもらい，安心を感じてそれを支えとなると評価をする。そして，「手続の領域」では，①抱えてきた悩み，理解，受け止め，とは不可分にある，③わかりやすい，丁寧，という層と連続して評価をしている。

　「成果の領域」では，④就労支援という１層となる。ここでは，就労支援を中心に，家賃補助，食料支援，住宅といる生活困窮者自立支援の支援事業の支援が，個別ではなく組み合わせて提供されていることを相談者は評価している。

　国立社会保障・人口問題研究所（2020）は，相談内容数と支援内容数の関係について分析をおこない，女性正規に提供する支援内容は，「定期的な相談」，「就職支援」，「家計」相談の３つを組み合わせて支援することが基本であるという（p. 10）。これは女性非正規に提供する支援内容が，「定期的な相談」と「同行」の組み合わせとなっている点で異なっていることを指摘する（p. 10）。こうしたことから，「成果の領域」で相談者が評価する点が，複合的になると考えられる。

　就職氷河期世代の女性非正規も，正規同様に，４つの時間軸をもった評価をもち，ここでは５つの側面で構成される層構造をもっている。「導入の領域」では，①親身，わかりやすく，理解してもらえたと，②よかった，③前向き，楽にという評価をしている。この点は，女性正規とも共通しており，第５章と第６章においても，ほぼ共通する相談窓口の特徴であると考えていいだろう。

　「手続の領域」は「導入の領域」と部分的に重なっており，そこでは④心強い，相談員の対応を評価している。真剣に相談を聞き，電話などでも時間の調整もつけて相談を受け，丁寧で前向きなアドバイスにより信頼感が生まれている。

　「成果の領域」では，⑤具体的な支援と手続き，により生活困窮者自立支援制度の事業内の支援から，連携機関への同行などにより，トラブルを解消するなど，生活安定に向けた支援を受けていると評価している。女性正規と比べると，就労支援が中心というよりは，金銭に関する支援の評価である。

　「課題の領域」を，就職氷河期世代の正規・非正規全体でみると，男性正規・非正規と女性非正規は，金銭貸与など，支援期間が短いことに対する改善

図表 7-5　就職氷河期世代（女性非正規）の相談窓口評価

導入の領域　／　手続の領域　／　成果の領域

導入の領域	手続の領域	成果の領域
親身，わかりやすく，理解してもらえた	**心強い**	**具体的支援と手続き**

親身，わかりやすく，理解してもらえた

38 歳非正規。わかりやすくていねいな対応

38 歳非正規。親切に対応　親切でわかりやすかった　事情も受け止めてくださいました。

40 歳非正規。一人でいろいろ悩んで　親身に

40 歳非正規。履歴書の書き方や面接の時にどうすればよいか　とてもわかりやすいです。

41 歳非正規。楽に　わかりやすく　考えてくれました。

41 歳非正規。相談に応じて，ていねいにアドバイス　分かりやすく，受け止めてもらった

42 歳非正規。親身にわかりやすく　十分に理解

43 歳非正規。生活を切りつめて　子供のために貯え　親身に　何度も動いて頂き

44 歳非正規。とても親身に　的確で　理解してくださった

44 歳非正規。不足する言葉や考えを相手先に伝えて　わかりやすきし，的確さ　自分以上に事情をくんで

44 歳非正規。気持ちが一番楽に　聞いてくれて　楽に　親身に

43 歳非正規。聞いてもらえ　専門的なアドバイス　心強くなりました　苦手な場所へ一緒に行って　寄りそって　ていねいにゆっくり説明　わかりやすい　理解して　わかって受け止め　心配して気使（気遣）って

43 歳非正規。しっかり聞いて頂け　気持が前向き　必ず聞いて頂ける　家族に相談しても　もめたり無理のないアドバイス

よかった

37 歳非正規。とても良い。

39 歳非正規。とっても良かった

心強い

36 歳非正規。真険（剣）に聞いてアドバイス

38 歳非正規。子どもが退屈している相手

39 歳非正規。定期的に相談　気持ちを吐き出す

41 歳非正規。話を聞いてもらえ　信頼

41 歳非正規。同行等 1 人では不安なことを一緒に行ってきちんと話を聞いてもらえるので信頼して話

42 歳非正規。話を聞いてくださり　アドバイス　前向きに　ていねいに　何度でも

44 歳非正規。相談員の方が「私の紹介でお電話しました」と言って

44 歳非正規。戻られてからわざわざ電話をくださり，話を聞いて

45 歳非正規。何かあった時聞いてくれる

具体的支援と手続き

38 歳非正規。順序立てて解決　管轄ハローワークへ相談に行くことや，職業訓練を受ける方法　生活できる金額を提示

41 歳非正規。弁護士を紹介　債務整理が終了　再就職も生活　気持ちも安定した。法テラスへの紹介，同行（自己破産）　住居確保給付金の利用による家賃補助，就労サポートによる求人紹介。就労支援も，希望する仕事を紹介してくれ助かった。

42 歳非正規。司法書士の紹介　同行

44 歳非正規。就職も困難　貯金も無　離婚後，生活費が足りなく　家計の見直し　ハローワークの方と 3 者面談　安心

45 歳非正規。生活の支援　就労支援。生活の基盤が整い，

40 歳非正規。待機児童　仕事もさがせず　住宅の屋（家）賃の　住居確保給付金　パートに

39 歳非正規。楽に　住居確保給付金

38 歳非正規。家計の見直し

40 歳非正規。早急に貸付の手続　生活費の工面　自宅まで食料

43 歳非正規。食糧　わかりやすい。

44 歳非正規。生活費を見直す　学生の息子にバイト

前向きに　楽に

39 歳非正規。電話で様子をきいてくださったり，訪問　楽に私の為に考えてもらえていた　短時間ではありますがパートに就く

40 歳非正規。気持ちが楽に　真剣に聞いて

43 歳非正規。頑張ろうと前向きに

44 歳非正規。気持ちがスッと楽に

---

36 歳非正規。仕事探し

37 歳非正規。お仕事を紹介　親切に細かくお話を聞いて

38 歳非正規。仕事を紹介　安定した生活を

40 歳非正規。一緒に仕事を探して　職務経歴書の書き方

41 歳非正規。あせりもあり　自分で仕事を見つけて就職

45 歳非正規。就職の支援。

課題の領域

39 歳非正規。後で戻ってくる医療費……難しい

44 歳非正規。借入れ　もう相談しても同じだと感じている。職員の対応はとてもていねいで良かったが，結局解決には至っていない

44 歳非正規。生活費を　町社協は厳しかったが町は良かった。

43 歳非正規。全てにおいて　給料が入るまで困っている。

44 歳非正規。紹介されたのは，日雇いのみ，

を課題として評価し，女性正規のみが相談所の施設環境に対する不備に関しての評価を挙げている。

3. 就職氷河期世代の支援

　2020年4月から就職氷河期世代の支援が始まっている。コロナ渦の影響で地域間移動と対人接触が制約されているなか，支援の手が届きにくくなっている。フォーカス・グループ・インタビューの分析結果は意外な結果であった。直近に必要な就労に関する支援について確認したところ，積極的な支援ニーズを確認できなかったからである。正規職への支援ニーズは確認できず，これは2017年，2018年の調査で共通していた。正規職への移行は，将来の生活保障にとって重要であるが，むしろ現在成り立っている生活を変化させなくてはならない。支援ニーズは現状をより良くするための，訓練・福利厚生・賃金の上昇と関わるものであった。

　正規では能力開発等支援，非正規では正規への転換ニーズはなく非正規の待遇改善支援の優先度が高く，能力開発ニーズが部分的であった。これらのニーズは行政が想定した政策目標とは一致していない。

　正確な情報の欠如が，生活安定化に向けたプロセス全体に及んでいるため，正規化支援に留まらない生活改善支援を壮年化した就職氷河期世代に提供する必要がある。この点は，生活困窮者自立支援の枠組みで「寄り添い型」の支援が実施されるので効果に期待がもてる。

　短時間労働者への社会保険の適用拡大（厚生労働省 2019）が決まり，将来の生活保障へ効果が期待できる。非正規雇用を継続しながら，企業内福利厚生の充実・適用拡大など，正規雇用と同等の待遇を用意し，同一（価値）労働同一賃金へと繋がる雇用制度の構築に期待したい。

　困窮状態にある就職氷河期世代は，高齢者やひとり親よりは，就労支援の効果は大きいと思われるが，女性に共通する，相談できたこと自体を高く評価している点，男性非正規の相談手続きにおける境遇への共感を評価する点は，食住の支援が主要となっている困窮状態と孤立の重なりを示しているとすれば，

社会との関係の結び直しは，必須であり，就職後の定着支援などを継続していくことが望まれる。

第8章

相談窓口支援の今後

1. 生活保障アプローチ

　第8章では，ここで得られた分析結果のインプリケーションから，今後の相談窓口支援について，整理をおこなっておきたい。

　生活保障の観点から日本社会を横断的に把握するために，生活保障をどのように位置づけるかについてひとつの学問分野にこだわらずに，幅広くリサーチした結果，自助から整理するもの，社会保障から整理をするものに大きく分かれることがわかった。

　それぞれの背景には，一方では「強い個人」を想定する経済学や教育学などがあり，他方ですべての国民の最低限度の生活を営む権利を具現化した制度がある。この制度がどの程度の生活保障を目的とするのかはともかく，社会保障は，最低限度の文化的な生活を保障する従来の憲法による権利の実現から，社会的諸活動からの排除を包摂する社会的包摂のアイディアに拡張している。生活保障を支えるシステムとして自助と社会保障の組み合わせで整理することは，これらは社会の支え合いという観点からみると，相いれない方向性をもつ可能性があると考えられる。

　本書は社会的包摂という立場から，生活困窮者自立支援相談窓口に相談に来た，高齢男性単身者（60-69歳，70歳以上），ひとり親であるシングル・マザー，女性単身者，就職氷河期という，生活不安層としてすでによく知られている層に焦点をおいて，量的な社会調査（統計を含む）では把握できない支援ニーズ

の探索をおこなった。この探索に際しては，既存の調査法に手を加えた質的分析をおこない，結果の批判的検討をしやすくするために視覚的にもわかりやすく提示するよう心掛けた。

2. 支援ニーズの整理と考察

　地域が生活支援の核となる役割を担うことにおいて，本分析は，多くの示唆をもたらした。菊池（2019）は，相談支援が従来の社会保障で提供してきた，金銭，現物，サービスとは異なり定量的に把握しにくく，私的領域に踏み込む危険性をもっているため（p. 120），相談支援の担い手は，「素人に委ねるわけにはいかない」（p. 122）と断じ，法的にその役割が規定されている社会福祉士を想定している。現実には，1,300 近い相談窓口のすべてに専門職を配置することは難しいし，第3章でも触れたように，制度も配置の基準を厳しくしているわけではない。

　相談員の多くは，非正規・臨時・短時間など名称はさまざまであるが，不安定就業であることは，遠藤・西村監修（2018）の自治体ヒアリングで確認している。連携の中心となる自治体職員は，事務モデルから，業務目標として，多職種との連携を前提とした4つのモデルへの関与が直接的・間接的に求められるようになる。地域で提供する支援体制は，自治体組織，連携組織・団体においても，従来のナショナル・ミニマムとの違いを含めて課題が残っている。

　それでも，自由記述の結果をみる限りは，生活困窮者は，自立支援相談窓口を高く評価している。一部に課題は残るものの，全体としてみると（テキストの整理において多くは削除しているが），自記式で感謝がつづられている。地域の「寄り添い」支援が，困窮状態にあり，かつ地域から孤立している生活不安定層と，社会とのつながりの結び直しに寄与するのであれば，地域の再生への一助となるだろう。

　第5章から第7章の本分析の結果を，以下のように整理した。新たな支援ニーズは，まったく新しいわけではなく，既存の支援に新しい意味づけを与えているところが特徴である。国立社会保障・人口問題研究所（2020）では相談者

の相談内容の多くに健康問題と仕事のいずれか，あるいは両方を基本とした複合問題が含まれていることに注目しているが，この点も相談業務の基本的な事実として踏まえておく必要がある。

2.1　新たな支援ニーズ

　高齢男性単身者の場合は，相談にいたった背景について 1）本人は複合的な問題と捉えている，2）当日に支援を求める緊急支援，3）就労支援の年齢制限の影響，4）同行への高い評価（説明・手続きの代替機能）という 4 点が得られた。近年，高齢者の社会的孤立問題は，人口の高齢化・世帯の単独化・未婚化などによって今後も一般的な傾向として増加する可能性がある。

　高齢者は加齢と個々の適性によって，制度の主要な目的である自立につながる就労支援が難しくなってくる。加齢により社会関係も手薄くなることから，継続的な支援対象者として，高齢者福祉と連携をとって地域で見守る必要もでてくるだろう。年金受給によって経済的に生活を安定させることができる者，生活保護申請をする者，医療・介護を要する者など，就労による自立とは異なる支援への橋渡しは基本的な要件であり，強化できるのであれば望ましい。

　シングル・マザーの場合は，1）離死別・未婚状態で経済的・社会関係が喪失している，2）子どもを抱え，就労との調整が必要という 2 点がある。

　女性単身者の場合には，1）非正規では生活不安が大きい，2）年齢が高いほど，相談できずに悩みを抱えているという 2 点である。自立にむけた手続き（支援）にすすむ前に，悩みを吐露できること，その機会があることに安堵する様子がうかがえ，その傾向はシングル・マザーと 46-60 歳の女性単身者において顕著であった。

　シングル・マザーは，結婚により親元を離れるとき，実家と居住地が離れることがあり，離死別の過程でトラブルがあると，自分の親・夫・夫の親と関係が悪化し，離死別前後に孤立・健康状態が悪化すると思われる。また結婚時期の多様化により，同世代と子育てなど共有できないため，孤立は深刻になる可能性がある。そのため，この層は相談できる機会があることに高い評価をしており，この傾向は男性の高齢単身者，年齢の高い女性単身者にも確認できる傾

向であるが，若い世代のなかではシングル・マザー特有の傾向かもしれず，特別な配慮を要するといっていい。

　健康問題は，年齢が高いほど生活全般に影響を及ぼすので，同居者の生活サポートが手薄な中高年の女性単身者は，男性の高齢単身者同様に，不安は大きくなっていくと考えられる。上記の例の場合は，相談員は，医療機関との連携関係や病気の予兆を読み取る知識・経験があればスムーズに支援へとつなぐことができる。

　就職氷河期世代の場合は，生活困窮者ではない者を対象者とした，フォーカス・グループ・インタビューを併せて実施した。この世代は正規雇用へのニーズよりは，現状の雇用待遇の改善による生活の安定・向上に向けた支援ニーズの優先度が高いことがわかった。就職氷河期世代では，職業訓練機会の喪失が指摘されるところであるが（連合総合生活開発研究所 2016），都道府県など自治体が提供している訓練など基礎的な情報を含めて，関心がないわけではないが，調べずに（その余裕もない）そのままで生活するようなので，地域社会として周知の手立て（自治体内部でも情報周知は必要であるが，とくに徹底する必要がある）を講じる必要がある。

　生活困窮者自立支援窓口の調査に協力した就職氷河期世代の男性正規の場合は，1）困窮者のなかでは面接・就労支援など支援事業の枠内での支援の成果が期待しやすい。男性非正規の場合は，2）相談により，自分の事情の理解・共感を評価する。男性正規と比べて男性非正規は，承認欲求が強いのかもしれず，ひとまずは丁寧な対応を心掛けることを期待したい。女性の場合は，3）複合的な問題を抱えているので，具体的な支援においては単独の事業では対応が難しい。そのため，評価しているのは複合的な支援ニーズであり，この点は非正規により強い傾向がある。女性非正規に限ると，4）より金銭問題への支援を評価している。生活困窮に陥る理由はさまざまであろうが，正規職に比べると貯蓄が少ないと考えられる。

　グループ・インタビューの実施において，2017 年と 2018 年の違いは，仙台市の調査が 2018 年にやっと実施できたことと，就職氷河期世代の非正規職を既婚・未婚のグループに分けたことの 2 つである。2017 年の調査から，既婚・

未婚の混在は，グループ内の同質性を担保することが難しいことがわかり，そ
れぞれ新たにグループを作成した。ここでは明示できないが，就職氷河期世代
の女性の支援に対して，既婚・未婚をわけることはデリケートな問題であり取
扱いがとても難しいが，基礎的な情報として収集することは円滑な相談業務に
不可欠と思われる。

　最後に，相談支援窓口の基本的な環境設定は，コストがかかるので難しいと
思われるが，一定程度の基準を設ける必要があるように思われる。とくに直営
の相談窓口は，自治体のもち出しになるものの（ハローワークとの組織内連携は，
ハローワークの持ち出し）ある程度以上の遮音設備の整った個室と清潔さは相
談の導入では相談者の気になるところである。

2.2　支援制度の周知と人材育成

　わが国の行政制度は，申請主義を基本原則においている。つまり，どのよう
な制度があるのか，どのような支援があるのかについて知っていても，申請し
なければ支援を受けることができない。本当に福祉が必要な人ほど福祉が受け
られないという矛盾があるといわれつづけてきた。

　生活保護の現場では，水際作戦として，生活保護の申請を受け付けないこと
があることは，たびたび指摘されてきた。また小熊（2015）は，「公的機関に
ネットワークを持たない貧困者は，生活にも時間にも余裕がなく，制度があっ
ても情報を得られないことが多い」（p. 219）と指摘している。

　生活困窮者自立支援窓口の調査においても，この点はたびたび指摘されてき
た評価である。フォーカス・グループ・インタビューでは，調査終了後に，介
護保険制度についてまったく知らなかった対象者に情報を提供したこともある。

　相談員の育成はとうぜん必要であるが，直営と委託の選択により業務の位置
づけはまったくことなるものの，自治体職員の育成は必須・喫緊の課題である
（遠藤・西村監修 2018）。第3章でも指摘したように，相談窓口の運営を業務委
託したとしても，運営主体である自治体はその管理をする必要がある。生活困
窮者自立支援制度の施行により，生活支援は，自立支援に加え医療・介護・生
活保護という4つの領域をまたいだ体制によって担われることになった。それ

ぞれの制度・役割・機能を理解することは業務の円滑化に寄与するだけではなく，相談者の負担軽減にもつながる。

　これからの自治体職員の働き方は，行政職の中心である事務業務に加えて，業務目標として提示した，医療従事者が病気の完治を目指す医学モデル，主任ケアマネージャー，保健師，社会福祉士らが要介護支援者の現状維持を重視する生活モデル，自治体職員のケースワーカーが目標とする生活／自立モデル，さらには自立相談支援窓口の相談員（主任相談支援員，相談支援員，就労支援員）の目指す自立モデルのなかに業務があると想定してほしい。ケース・ワーカー（CW）や支援員には，国研修などの養成研修が用意されているが，地域の生活支援で連携体制の中心的な役割をはたす自治体職員にこそ，円滑な生活支援が進むように知識・経験を積み上げてほしい。相談窓口だけが支援の現場ではないのである。

3. 本書の課題

　第5章から第7章の分析のもとになった相談者調査（調査1）は，生活困窮者自立支援法の施行後の2017年に実施されたもので，回収は法律の改正施行（2018年10月1日）のちょうど1年前であった。当時は，制度の施行後2年を経過しており，現場の混乱も収まっていると思われる。

　他方で，改正生活困窮者自立支援法は翌年の2018（平成30）年10月より施行され，就労準備支援事業と家計改善支援事業の実施について努力義務が課され，都道府県が市などに対する体制強化支援などが創設されている。併せて，子どもの学習支援事業の強化と一時生活支援事業の拡充も盛り込まれている。こうした制度の変更の影響は把握できていないので，これは今後の課題である。

　第7章おいてのみ分析に使用したフォーカス・グループ・インタビュー調査（調査1）は，2017年の年末から2018年の年始，2018年年末から2019年の年始に2回実施している（第4章）。特別区・政令指定都市を中心に調査を実施しており，地方自治体としては例外的に規模の大きな自治体を対象としている点については，一考の余地はある。

　本分析からいくつかの興味深い事実が明らかになったが，本書が質的調査でありながら，量的調査に貢献できる点について，検討を加える必要があるだろうし，そうすることは本書の意義を高めるだろう。

　質的調査と量的調査は，調査における調査法と分析法で分けてみると，多くの研究者が分析法の差違に注目して，調査法の差違には論争的ではないことに気づいた。明らかに分析法（倫理やエビデンスの捉え方も含める）の違いから論争をしているが，調査法についての論争は生じていない。

　社会学者の量的研究者と質的研究者の間で生じた倫理論争も，分析結果を調査対象者に還元するのか，それとも社会へ還元するのかという，分析の波及効果にかんすることで，これは言わば分析結果の二次的な成果ともいえるものであるが，単純に分析法の一種とも考えられた。

　いずれにせよ調査法としては，どちらも既存の枠組み（代表性のある標本調査と分厚い記述）への信頼は揺るぎないにもかかわらず，ここに論争は生じてはいない。

　それと比べると，本書が第5章から第7章の分析で使用した全国1,300か所以上の全部の相談窓口に7部ずつ配布した調査票を元にしたデータを，量的な手続きをとらずに，質的に整理・収束させていくという方法は，調査法としても分析法としても，格好の批判対象になるはずだろう。

　また，特定のフォーカス・グループへのインタビューにおいて，モデレーターに調査の権限を与えず（調査の実施において，目の前にある問題を掘り下げずに），限られた時間で，テーマへの参加者の個人的見解を多数収集し，対象者らに類型させていく収集法も，おそらく批判対象になるだろう。

　ここで留意したいのは，量的調査と質的調査を分ける分岐点である，質問の構造化あるいは定型化である。出来上がった質問紙は，調査者にとって正確さを追求しようとするほど，排他的になり，また状況が不安定な回答者も排除してしまう。支援ニーズのような未知の事項に関して調査を実施する以上，構造化した質問とは別に，自由に記述できる回答は必要であり，そこに潜在的な課題が浮かびあがると考えた。

　量的調査の調査票は，概念の精緻化という自らに課した目的のため，調査項

目に具体化するとその質問は回答者にわかりづらい。そこで調査票には多くの基礎項目を投入することになる。量的調査は1票あたりの調査コストが高いので，目的は多様になる。その結果さらに調査票に多くの質問項目を投入することになる。調査対象者の負担軽減の観点からも，この点を改善する必要があった。

　今回の場合は，調査票の送付先が厚生労働省のHPで公表されており，調査対象者の選定は容易であった。また分析の目的自体が支援ニーズを探ることであったので，調査項目を最小限となるよう，A4サイズの紙の表裏に収めた。

　自由記述の処理は，調査票が回収された後の手続きが煩雑になるが，今回の回収された自由記述を読みつづけると，1票では見えていなかった困難の状況に少しずつ接近できる実感がえられた。その集合化したものの整理を繰り返して，今回の形式をもとに分析をおこなった。

　もうひとつは，調査者個人の資質に依存しすぎる質的調査の問題を回避する方法を考えなければならなかった。社会調査として量的調査と質的調査の研究デザインを摺り寄せするためには，労働調査の世界では「職人芸」（日本労働社会学会 2000）と呼ばれ，また「調査親方」（下田平他 1989）という方々を神聖視する傾向を調整しなければならなかった。突出した調査研究者が学会を牽引することに異論はないが，質的調査に限らず，調査倫理と調査データを共有したうえで，他者が結果を再現できるという社会調査の近代化は，政策研究や社会科学研究にとっては必要な手続きである。

　これらのことについては，ぜひ建設的な批判をお願いしたい。

資　料

相談窓口での相談内容とユーザーのご意見

厚生労働省　国立社会保障・人口問題研究所　http://www.ipss.go.jp
〒100-0011　東京都千代田区内幸町 2-2-3 日比谷国際ビル 6 階
電話　(03) ■■■-■■■

記入上のお願い
○回答の仕方がわからないときは相談員にお気軽におたずねください。

相談窓口・相談内容についておたずねします。

問1　当相談窓口をどこでお知りになられましたか。

> 1　役所などの行政機関からの紹介　2　民間団体からの紹介　3　家族・友人・知人からの紹介
> 4　インターネット・ホームページ・フェイスブックで見た
> 5　新聞・テレビ・ラジオ・広報を見た　6　チラシを見た　　7　その他（　　　　　　）

問2　今回の相談前に，あなた本人や家族が，当窓口　または　他の機関に相談したことがありますか。

> 1　過去に相談したことがある　　　　　2　今回が初めてである

問3　今回のあなたの相談の内容について，あてはまるものはありますか。（○はいくつでも）

> 1　病気や健康，障害のこと　2　住まいについて　3　収入・生活費のこと
> 4　家賃やローンの支払いのこと　5　税金や公共料金などの支払いについて　6　債務について
> 7　仕事探し・就職について　8　仕事上の不安やトラブル　9　地域との関係について
> 10　家族との関係について　11　子育てのこと　12　介護のこと　13　ひきこもり・不登校
> 14　DV・虐待　15　食べるものがない　16　その他（　　　　　　　　　　　　　　）

問4　相談した結果，今回はどのような支援を受けていますか（いましたか）。（○はいくつでも）

> 1　定期的な面談　　　　　2　就職に向けた支援　　　　　3　手続きなどへの同行
> 4　住まいさがし　　　　　5　家計の見直し　　　　6　債務整理の援助　　　　7　食糧支援
> 8　その他（　　　　　　　　　　　　　　　　　　　　　　　　　　　　　　）

問5　支援を受けて，①あなたの気持ちはどのようですか。②とくに助かった支援など率直なご意見をお
　　書きください。

問6　支援窓口の職員の対応についておたずねします。①職員のマナー・配慮・気配り，②知識・説明の
　　的確さ・わかりやすさ，③おかれた事情を受け止められた，と感じましたか。

相談員記入欄	施　設　名

あなたの状況についておたずねします。

問7　あなたのことについておたずねします。あてはまるものに○をつけ，カッコ内を記入してください。

(1) 性別	(2) 年齢	(3) 同居者	(4) 婚姻状況
1　男性 2　女性	歳	18歳以下の 1　いる（子ども　　人，大人　　人） 2　いない	1　未婚　2　配偶者あり 3　死別　4　離別

問8　あなたの現在の健康状態はいかがですか（○は1つ）。

1　よい　　　2　まあよい　　　3　ふつう　　　4　あまりよくない　　　5　よくない

問9　あなたのお仕事についておたずねします。あてはまるものに○をつけ，カッコ内に記入してください。

(1) 現在の仕事について	(2) 最後に仕事をしたのはいつですか。
1　正規の社員，従業員 2　非正規の派遣，パート，アルバイト 3　自営業，自由業，フリーランス 4　現在は仕事をしていない（探している） 5　現在は仕事をしていない（探していない） 6　これまで一度も仕事をしたことはない	西暦・和暦 　　　　　年　　　　月まで

問10　あなたは現在，生活保護の受給を受けていますか，または，申請中ですか。

1　受けている（受けていた）　　　2　申請中である　　　3　受けたことはない

問11　あなたは次の項目であてはまるものはありますか。（○はいくつでも）

1　ローンがある（家や車など）　2　債務がある　3　多重の債務がある　ている（受けていた） 4　住民非課税世帯である　5　税金・公共料金を滞納している　6　食料を買えない 7　衣類を買えない　8　家賃を滞納している　9　その他困っていること（　　　　　　　　　　）

○　これで記入は終わりです。もう一度，記入漏れがないかご確認ください。

○　ご回答いただいた調査票は，封筒に入れ，のり付けしたうえで相談員にお渡しください。

ご協力ありがとうございました。

参考文献

阿部彩・武川正吾・西村幸満・宮本太郎・泉田信行（2019）「座談会：政策，研究，「生活と支え合いに関する調査」に期待される役割」『社会保障研究』Vol. 4, No. 3, pp. 344-355.

Brady, Henry E., and David Collier eds., (1994) *Rethinking Social Inquiry: Diverse Tools, Shared Standards*, Rowman & Littlefield Publishers, Inc.（泉川泰博・宮下明聡訳（2010）『社会科学の方法論争——多様な分析道具と共通の基準［原著第2版］』勁草書房，2014年）.

Burchardt, Tania. (2004). *One Man's Rags are another Man's Riches: Identifying Adaptive Preferences Using Panel Data*. CASE paper 86. London, Centre for Analysis of Social Exclusion. London School of Economics.

千年よしみ・阿部 彩（2000）「フォーカス・グループ・ディスカッションの手法と課題——ケース・スタディを通じて」『人口問題研究』Vol. 56, No. 3, pp. 56-69.

遠藤久夫・西村幸満監修，国立社会保障・人口問題研究所編（2018）『地域で担う生活支援——自治体の役割と連携』東京大学出版会.

藤田至孝（1997）「企業内福祉と社会保障の一般的関係」藤田至孝・塩野谷祐一編『企業内福祉と社会保障』東京大学出版会，pp. 17-52

藤田至孝・小島晴洋（1997）「企業内福祉と社会保障：研究の課題」藤田至孝・塩野谷祐一編『企業内福祉と社会保障』東京大学出版会，pp. 1-14.

藤田至孝・塩野谷祐一編（1997）『企業内福祉と社会保障』東京大学出版会.

藤原千沙（1997）「母子世帯の所得保障と児童扶養手当」『女性と労働21』23号，pp. 6-28.

藤原千沙（2010）「ひとり親世帯をめぐる社会階層とジェンダー」木本喜美子・大森真紀・室住眞麻子『社会政策のなかのジェンダー』明石書店，pp. 136-157.

藤森克彦（2010）『単身急増社会の衝撃』日本経済新聞出版社.

藤森克彦（2016）「単身高齢世帯（一人暮らし高齢者）の生活と意識に関する国際比較——4か国比較」『第8回高齢者の生活と意識国際比較調査結果』内閣府，pp. 238-247.

藤森克彦（2017）「単身世帯急増時代の社会保障」『週刊東洋経済』.

福岡寿（2018）『相談支援の実践力——これからの障害者福祉を担うあなたへ』中央法規.

Geertz, Clifford., (1973) *The Interpretation of Cultures: Selected Essays*, Basic Books. 吉田禎吾・柳川啓一・中牧弘允・板橋作美訳 (1987)『文化の解釈学 (1)』岩波書店.

玄田有史 (2001a)『仕事のなかの曖昧な不安――揺れる若年の現在』中央公論新社.

玄田有史 (2001b)「結局，若者の仕事がなくなった――高齢社会の若年雇用」橘木俊詔，デービッド・ワイズ編『「日米比較」企業行動と労働市場』日本経済新聞社，pp. 173-202.

玄田有史 (2017)「これだけ深刻な人手不足なのに，いつまでも賃金が上がらない理由」『現代ビジネス』https://gendai.ismedia.jp/articles/-/51726（参照 2018-11-19）.

Alexander, George, L. and Bennett, Andrew eds., (2005) *Case Studies and Theory Development in the Social Sciences*, The MIT Press（泉川泰博訳 (2013)『社会科学のケース・スタディ　理論形成のための定性的手法』勁草書房）.

浜野潔・黒須里美・森本修馬 (1998)「徳川農村は皆婚社会か」EAP ワーキングペーパーシリーズ 6 号.

原ひろみ (2005)「新規学卒労働市場の現状――企業の採用行動から」『日本労働研究雑誌』No. 542, pp. 4-17.

原ひろみ・佐野嘉秀・佐藤博樹 (2006)「新規学卒者の継続採用と人事育成方針――企業が新規学卒者を採用し続ける条件は何か」『日本労働研究雑誌』No. 556, pp. 63-79.

畑本裕介・黒田有志弥 (2018)「市町村における組織体制と職員配置」遠藤久夫・西村幸満監修，国立社会保障・人口問題研究所編『地域で担う生活支援――自治体の役割と連携』東京大学出版会，pp. 39-58.

畑本裕介 (2018)「福祉行政における総合相談窓口設置――P 市の事例をもとに」遠藤久夫・西村幸満監修，国立社会保障・人口問題研究所 (2018)『地域で担う生活支援――自治体の役割と連携』東京大学出版会，pp. 157-178.

林知己夫 (2011)『調査の科学』ちくま学芸文庫.

広田照幸 (1997)『陸軍将校の教育社会史――立身出世と天皇制』世織書房.

林知己夫 (1974)『数量化の方法』東洋経済新報社.

猪飼周平 (2015)「「制度の狭間」から社会福祉学の焦点へ――岡村理論の再検討を突破口として」『社会福祉研究』通巻 122 号，pp. 29-38.

猪木武徳 (1995)「企業内福利厚生の国際比較に向けて――種類・構成および準固定費的性格をめぐって」猪木武徳・樋口美雄編『日本の雇用システムと労働市場』日本経済新聞社.

石田光規 (2011)『孤立の社会学――無縁社会の処方箋』勁草書房.

石川義孝（1978）「戦後における国内人口移動」『地理学評論』Vol. 51, No. 6, pp. 433-450.

色川卓男（1997）「日本におけるワンペアレント・ファミリー研究の現状と課題——生別母子世帯を中心に」『季刊家計経済研究』33 号，pp. 41-49.

岩田正美（2008）『社会的排除——参加の欠如・不確かな帰属』有斐閣.

岩田正美（2016a）『社会福祉のトポス——社会福祉の新たな解釈を求めて』有斐閣.

岩田正美（2016b）「生活の変動と『強い個人』」岩田正美編著『社会福祉への招待』放送大学教育振興会.

神野直彦（2002）『地域再生の経済学——豊かさを問い直す』中央公論新社.

香川めい・西村幸満（2015）「若者の第 2 職の重要性——『初職からの移行』における現代の課題」『季刊社会保障研究』Vol. 51, No. 1, pp. 29-43.

金川めぐみ（2012）「日本におけるひとり親世帯研究の動向と課題」和歌山大学経済学会『経済理論』No. 369, pp. 1-15.

春日キスヨ（1989）『父子家庭を生きる』勁草書房.

加藤智章（2001）「社会保障制度における生活保障と所得保障」日本社会保障法学会編『所得保障法』法律文化社，pp. 23-48.

川喜田二郎（1967）『発想法——創造性開発のために』中公新書.

川喜田二郎（1970）『続・発想法——KJ 法の展開と応用』中公新書，p. 17.

吉川徹（2014）『現代日本の「社会の心」——計量社会意識論』有斐閣.

菊池馨実（2019）『社会保障再考——〈地域〉で支える』岩波書店.

木本喜美子（2010）「企業社会の変容とジェンダー秩序」木本喜美子・大森真紀・室住眞麻子『社会政策のなかのジェンダー』明石書店，pp. 9-35.

木村清美（1997）「離別女性の生活を支える資源——ケース・スタディから」『季刊家計経済研究』第 33 号，pp. 34-40.

Kingdon, John W.（2017）河野勝・真渕勝監修笠京子訳『アジェンダ・選択肢・公共政策——政策はどのように決まるのか』勁草書房.

King, Gary, Robert O. Keohane, and Sidney Verba.,（1994）*Designing Social Inquiry: Scientific Inference in Qualitative Research*, Princeton Univ Press（真渕勝監訳（2004）『社会科学のリサーチ・デザイン——定性的研究における科学的推論』勁草書房）.

Kinmonth, E. H.,（1982）, *The Self-Made Man in Meiji Japanese Thought: Samurai to Salary Man*, University of California Press（広田照幸・加藤潤・吉田文・伊藤彰浩・高橋一郎訳（1995）『立身出世の社会史——サムライからサラリーマンへ』玉川大学出版部）.

岸政彦（2015）「鉤括弧を外すこと——ポスト構築主義社会学の方法論のために」

『現代思想』7月号, pp. 188-207.

岸政彦・國分功一郎（2017）「それぞれの『小石』——中動態としてのエスノグラフィ」『現代思想』11月号, pp. 42-63.

Knodel, John, Werasit Sittitrai and Tim Brown (1990) *Focus Group Discussions for Social Science Research: A Practical Guide with an Emphasis on the Topic of Aging*, (Elderly in Asia Report, No. 90-3), Ann Arbor, Michigan: University of Michigan, Population Studies Center.

小林江里香（2016）「高齢者の社会関係における世代的・時代的変化——全国高齢者の長期縦断研究から」『老年社会科学』Vol. 38, No. 3, pp. 337-344.

小原美紀（2017）「エビデンス・ベースの労働政策のための計量経済学」川口大司編『日本の労働市場——経済学者の視点』有斐閣, pp. 286-312.

小池和男（2016）『「非正規労働」を考える——戦後労働史の視角から』名古屋大学出版会.

国立社会保障・人口問題研究所編（2000）『家族・世帯の変容と生活保障機能』東京大学出版会.

国立社会保障・人口問題研究所（2018）『生活と支え合いに関する調査　結果の概要』(http://www.ipss.go.jp/ss-seikatsu/j/2017/seikatsu2017summary.pdf) アクセス：20180827.

国立社会保障・人口問題研究所（2019）『「一億総活躍社会」実現に向けた総合的研究　就職氷河期世代の支援ニーズに関するグループ・インタビュー調査報告書』所内研究報告 82.

国立社会保障・人口問題研究所（2020）『「一億総活躍社会」実現に向けた総合的研究　若者世代の社会的参加のための基盤と生活支援のあり方に関する研究班報告書』所内研究報告 88.

国立社会保障・人口問題研究所（2020）『人口統計資料集』人口問題研究資料第 342 号.

駒村康平（1997）「企業内福祉の社会保障代行, 補完機能の日本的特性——企業内福祉としての健康保険組合と厚生年金基金の役割と規制緩和」藤田至孝・塩野谷祐一編『企業内福祉と社会保障』東京大学出版会, pp. 53-83.

厚生労働省（2019）「資料3　厚生労働省就職氷河期世代活躍支援プラン」（5月29日）https://www.mhlw.go.jp/content/12601000/000513529.pdf#search=%27%E5%8E%9A%E7%94%9F%E5%8A%B4%E5%83%8D%E7%9C%81+%E5%B0%B1%E8%81%B7%E6%B0%B7%E6%B2%B3%E6%9C%9F%E3%83%97%E3%83%A9%E3%83%B3%27（最終確認：2019 年 9 月 30 日, 17:30）

厚生労働省（2012）『労働経済白書』ぎょうせい.

黒田啓太（2017）「今も続いている就職氷河期の影響」玄田有史編『人手不足な

のになぜ賃金が上がらないのか』慶應義塾大学出版会，pp. 51-68.

黒田俊夫（1976）『日本人口の転換構造』古今書院.

真渕勝（2009）『行政学』有斐閣.

前田健太郎（2014）『市民を雇わない国家　日本が公務員の少ない国へと至った道』東京大学出版会.

毎月勤労統計調査等に関する特別監察委員会（2019年）『毎月勤労統計調査を巡る不適切な取扱いに係る事実関係とその評価等に関する追加報告書』厚生労働省（2月27日）（https://www.mhlw.go.jp/content/10108000/000483640.pdf）（最終確認：2020年8月26日，17:30）

宮本太郎（2009）『生活保障――排除しない社会へ』岩波新書.

宮本太郎（2008）『福祉政治――日本の生活保障とデモクラシー』有斐閣.

宮本太郎編（2014）『地域包括ケアと生活保障の再編――新しい「支え合い」システムを創る』明石書店.

宮本太郎（2017）『共生保障（支え合いの戦略）』岩波新書.

内閣府（2020）『内閣府における EBPM への取組』（令和2年4月）（https://www.cao.go.jp/others/kichou/ebpm/ebpm.html）（最終確認：2020年8月26日，17:30）

内閣官房（2019）「就職氷河期世代支援に関する行動計画 2019」（令和元年12月23日）（https://www.cas.go.jp/jp/seisaku/shushoku_hyogaki_shien/keikau2019/pdf/191223honbun.pdf）（最終確認：2020年12月25日）

中村隆英（1993）『日本経済――その成長と構造［第3版］』東京大学出版会.

中田知生（2020）『高齢期における社会的ネットワーク――ソーシャル・サポートと社会的孤立の構造と変動』明石書店.

日本労働社会学会（2000）『日本労働社会学会年報　第11号――フィールドの"職人芸"の伝承』東信堂.

新川達郎（2003）「日本における分権改革の成果と限界」山口二郎編『グローバル化時代の地方ガバナンス』岩波書店，pp. 149-183.

西村幸満（2007）「男性の仕事と生活の調和に関する実態分析」『仕事と生活――体系的両立支援の構築に向けて』労働政策研究・研修機構，pp. 234-250.

西村幸満（2009）「生活保障としての働き方と技能形成の変化――雇用と福祉の狭間で」宮島洋・西村周三・京極髙宣編『社会保障と経済1　企業と労働』東京大学出版会，pp. 53-72.

西村幸満（2010）「世帯収入による貧困測定とその分布の特性分析」厚生労働科学研究費補助金政策科学推進研究事業『低所得者の実態と社会保障のあり方に関する研究』平成21年度総括研究報告書，pp. 51-65.

西村幸満（2014）「変貌する若者の自立の実態」『季刊社会保障研究』Vol. 49,

No. 4, pp. 384-395.

西村幸満（2017）「所内研究報告　社会保障　社会保障サービスの受益・業務負担軽減に向けた地域組織の空間的配置・人的連携の基礎的研究」『社会保障研究』Vol. 2 No. 1, pp. 129-131.

西村幸満（2018）「所内研究報告　社会保障　『一億総活躍社会』の実現に向けた総合的研究」『社会保障研究』Vol. 3, No. 1, pp. 157-159.

西村幸満（2019）「政策研究としての質的調査の課題——グループ・インタビューを事例として」日本教育社会学会第 71 回大会（大正大学）（2019 年 9 月 12 日）.

西村幸満（2020）「就職氷河期世代を中心とした社会関係の希薄な層の基礎分析」厚生労働行政推進調査事業費補助金（厚生労働科学特別研究事業）『世帯構造の変化が社会保障に与える影響の分析研究』分担研究報告書, pp. 41-76.

西尾勝（2007）『地方分権改革』東京大学出版会.

似田貝香門（1994）「都市政策と『公共性』をめぐる住民諸活動」矢澤修次郎・岩崎信彦『地域と自治体　第 17 集　都市社会運動の可能性』自治体研究社, pp. 67-98.

似田貝香門（1991）「現代社会の地域集団」青井和夫監修，蓮見音彦編集『地域社会学』サイエンス社, pp. 95-158.

落合恵美子（2004）「歴史的に見た日本の結婚——原型か異文化か」『家族社会学研究』Vol. 15, No. 2, pp. 39-51.

OECD（2006）*OECD Economic Surveys: Japan.*

小熊英二（2015）『生きて帰ってきた男——ある日本兵の戦争と戦後』岩波書店.

岡村重夫（1983）『社会福祉原論』全国社会福祉協議会.

大森彌（1987）『自治体行政学入門』良書普及会.

大森彌（1994）『自治体職員論——能力・人事・研修』良書普及会.

大森彌（2006）『官のシステム』（行政学叢書 4）東京大学出版会.

大森彌（2015）『自治体職員再論——人口減少時代を生き抜く』ぎょうせい.

大沢真理（2007）『現代日本の生活保障システム　座標とゆくえ』岩波書店.

大沢真理（2010）『いまこそ考えたい 生活保障のしくみ』岩波書店.

大沢真理（2014）『生活保障のガバナンス——ジェンダーとお金の流れで読み解く』有斐閣.

太田聰一（2010）「若年雇用問題と世代効果」樋口美雄編『労働市場と所得分配』慶應義塾大学出版会, pp. 513-539.

太田聰一（2016）「中小企業における新規採用の実証分析——どのような企業が採用難に直面しているのか」『季刊社会保障研究』Vol. 51, No. 1.

大竹文雄（2005）『日本の不平等——格差社会の幻想と未来』日本経済新聞社.

大湾秀雄・佐藤香織（2017）「日本的人事の変容と内部労働市場」川口大司編『日本の労働市場――経済学者の視点』有斐閣，pp. 20-49.

Peterson, P. E. and Rom, M. C., (1990), *Welfare Magnets: A New Case for a National Standard*, Brookings Institution.

連合総合生活開発研究所（2016）『新たな就職氷河期を生まないために〜連合総研・就職氷河期世代研究会報告』.

労働調査論研究会編（1970）『戦後日本の労働調査』東京大学出版会.

佐口和郎（2018）『雇用システム論』有斐閣.

斉藤雅茂（2018）『高齢者の社会的孤立と地域福祉　計量的アプローチによる測定・評価・予防策』明石書店.

斎藤修（2013）「男性稼ぎ主型モデルの歴史的起源」『日本労働研究雑誌』労働政策研究・研修機構，pp. 4-16.

酒井朗（2018）「『エビデンスに基づく教育』への質的研究の立場からの批判的検討」『社会と調査』No. 21，pp. 39-41.

酒井正（2004）「均等法世代とバブル崩壊後世代の就業比較」樋口美雄・太田清・家計経済研究所編『女性たちの平成不況　デフレで働き方・暮らしはどう変わったか』日本経済新聞社，pp. 57-85.

酒井正（2020）『日本のセーフティネット格差――労働市場の変容と社会保険』慶應義塾大学出版会.

里見賢治（2003）「厚生労働省の『自助・共助・公助』の特異な新解釈――問われる研究者の理論的・政策的感度」『社会政策』第5巻第2号，pp. 1-4.

佐藤博樹・池田謙一・石田浩編（2000）『社会調査の公開データ　2次分析への招待』東京大学出版会.

佐藤俊樹（2019）『社会科学と因果分析――ウェーバーの方法論から知の現在へ』岩波書店.

盛山和夫（1993）「『核家族化』の日本的意味」直井優・盛山和夫・間々田孝夫編『日本社会の新潮流』東京大学出版会，pp. 3-28.

盛山和夫（2004）『社会調査法入門』有斐閣.

社会保障制度改革国民会議（2013）『社会保障制度改革国民会議報告書――確かな社会保障を将来世代に伝えるための道筋』.

柴田悠（2016）『子育て支援が日本を救う――政策効果の統計分析』勁草書房.

重川純子（2004）「デフレ下の経済生活，家計，借入」樋口美雄・太田清・家計経済研究所編『女性たちの平成不況　デフレで働き方・暮らしはどう変わったか』日本経済新聞社，pp. 169-190.

重川純子（2020）『生活経済学　改訂新版』放送大学教育振興会.

下田裕介（2017）「負担と不安が重なる氷河期世代――消費や子育て世帯の中心

層となるなか，政府・企業の対応は急務」日本総研『Research Focus』No. 2017-001，pp. 1-7.

下田裕介（2019a）「団塊ジュニア世代の実情──『不遇の世代』を生み出したわが国経済・社会が抱える課題」『JRI レビュー』Vol. 5, No. 66, pp. 42-64.

下田裕介（2019b）「私見卓見 『就職氷河期世代』を生かせ」日本経済新聞 3 月 15 日，p. 29.

下田平裕身他著（1989）『労働調査論──フィールドから学ぶ』日本労働協会.

白瀬由美香（2018）「社会保障制度における支援の変遷」遠藤久夫・西村幸満監修，国立社会保障・人口問題研究所編（2018）『地域で担う生活支援──自治体の役割と連携』東京大学出版会，pp. 15-38.

城山英明・細野助博・鈴木寛（1999）『中央省庁の政策形成過程──日本の官僚制の解剖』中央大学出版部.

周燕飛（2012）「高齢者は若者の職を奪っているのか──『ペア就労』の可能性」『高齢者雇用の現状と課題』労働政策研究・研修機構，pp. 172-191.

周燕飛（2014）『母子世帯のワーク・ライフと経済的自立』労働政策研究・研修機構.

曽我謙悟（2001）「地方政府と社会経済環境──日本の地方政府の政策選択」『レヴァイアサン』28，pp. 70-96.

総務省（2018）『EBPM（エビデンスに基づく政策立案）に関する有識者との意見交換会報告（議論の整理と課題等）』総務省 EBPM に関する有識者との意見交換会事務局.

鈴木透（2003）「第 4 回世帯動態調査に関連した研究 離家の動向・性差・決定因」『人口問題研究』Vol. 59, No. 4, pp. 1-18.

鈴木透（2007）「世帯形成の動向」『人口問題研究』Vol. 63, No. 4, pp. 1-13.

橘木俊詔（2005）『企業福祉の終焉 格差時代にどう対応すべきか』中公新書.

橘木俊詔（2010）『無縁社会の正体 血縁・地縁・社縁はいかに崩壊したか』PHP 研究所.

高山憲之（2003）「日本の年金政策」高山憲之編『日本の経済制度・経済政策』東洋経済新報社.

武川正吾（2006）『地域福祉の主流化 福祉国家と市民社会III』法律文化社.

武川正吾・宮本太郎・阿部彩・西村幸満・泉田信行（2019）「座談会 生活と支え合い調査の今後と利活用」『社会保障研究』Vol. 14, No. 3, pp. 345-355.

武川正吾・佐藤博樹編（2000）『企業保障と社会保障』東京大学出版会.

竹内洋（1991）『立志・苦学・出世 受験生の社会史』講談社現代新書.

玉野和志（2003）「サーベイ調査の困難と社会学の課題」『社会学評論』Vol. 54, No. 4, pp. 537-551.

樽川典子（1989）「ワンペアレント・ファミリーの適応——離別・死別母子家庭のばあい」『社会学ジャーナル』No. 14, pp. 142-157.

寺崎康博（2000）「成人同居に見る世帯の生活保障機能」国立社会保障・人口問題研究所編『家族・世帯の変容と生活保障機能』東京大学出版会, pp. 27-55.

Townsend, Peter. B., (1957) *The Family Life of Old People: An Inquiry in East London*, Routledge & Kegan Paul.

辻明子（2008）「就職氷河期世代の老後に関するシミュレーション」総合研究開発機構『就職氷河期世代のきわどさ　高まる雇用リスクにどう対応すべきか』NIRA 研究報告書, pp. 114-123.

卯月由佳（2018）「エビデンスの広がりと問われる教育政策」『社会と調査』No. 21, pp. 20-28.

Vaughn, Sharon, J.S. Schumm and Jane Sinagub., (1996) *Focus Group Interviews in Education and Psychology*, Thousand Oaks, CA: SAGE Publications.

渡部晃正（2005）「母子ワンペアレント・ファミリーの社会的ネットワーク」『桜花学園大学保育学部研究紀要』第 3 号, pp. 87-100.

山田久（2016）「デフレ期賃金下落の原因と持続的賃上げの条件」『日本労働研究雑誌』No. 667, pp. 26-36.

山田篤裕（2010）「高齢期の新たな相対的貧困リスク」『季刊社会保障研究』Vol. 46, No. 2, pp. 111-126.

山口一男（2003）「米国より見た社会調査の困難」『社会学評論』Vol. 54, No. 4, pp. 552-565.

山口一男（2017）『働き方の男女不平等——理論と実証分析』日本経済新聞出版社.

山口泰史・松山薫（2015）「戦後日本の人口移動と若年人口移動の動向」『東北公益文科大学総合研究論集』第 27 号, pp. 91-114.

山本克也（2016）「現行社会保障制度に基づく非正規労働者の老後生計費問題——予備的考察」『社会保障研究』Vol. 1, No. 2, pp. 446-460.

山内昌和（2012）「単独世帯の動向と今後の見通し」『季刊家計経済研究』SPRING, No. 94, pp. 18-30.

八代尚宏編（1997）『高齢化社会の生活保障システム』東京大学出版会.

おわりに

　本書は著者にとって初めての単著であり，コロナ禍の負のインパクトが深刻に長引くなかで準備されてきたものである。しかし，考え方や調査データはコロナ禍の生じる前のものであり，本書では，今回の負の影響を十分に組み込んで検討するまでには至っていない。

　コロナ禍のなか，日本でまっさきに雇用不安の影響を受けたのはサービス業であり，また産業にかかわらず自営業者と非正規雇用者であった。一部の雇用，一部の地域だけではない。この災禍は，幅広い範囲に生活不安の影響を及ぼしている。感染症は明らかに対人関係職を直撃している。対人関係が濃密になりやすい若い層にも感染は広がっている。

　収縮してしまった経済から弾き出されて，再びまたは新たに困窮状態に陥る者があとをたたない。相談窓口への相談件数は，一部では前年比 200 倍を超えるという報道もあるが，厚生労働省の支援状況調査は，2019 年 3 月分以降の結果を公表していないので，客観的な実態はよく見えてこない。

　今後，日常生活がどのように回復していくのかは予断を許さないが，相談支援の現場では，日々相談者の背中を押し続けていることであろう。相談員の疲弊も聞かれるなか，本書はそうした地域の相談窓口の日々の活動を後押しすることを目的としているので，微力ながらお役に立つことができれば幸いである。

　製造業を起点とする雇用社会による生活保障は，個人と社会をつなぐのではなく，個人と企業・会社組織をつないで成立してきた。そのメリットは日本的雇用慣行に集約されているが，デメリットは生活保障を担う国との関係を希薄にしてしまったことである。長い間そうした環境にいたために，国に頼るという道筋をわれわれは見失ってしまっている。社会保障の役割が高齢期に集中しているのは，雇用に頼れない高齢層が頼りできるのが国にほかならないからである。

　選挙に限らず社会参加の多くは社会のありように影響を与える。その声が大きくなるほど社会はその対応に迫られる。生活困窮者の相談支援の現場からは，今後の課題も浮き彫りになっており，本書はそれを取り上げている。コロナ禍のもと生活保障に向けた新たな声が湧き上がってくることに期待したい。著者の立場からは，さまざまなチャンネルを利用してそのニーズの把握に引き続き関わっていくつもりである。

　さいごに，今回の調査に関わっていただいたすべての方にお礼を申し上げたい。ご協力いただいた方々の声を少しでも反映できていればそれは今後の変化につながると確信している。

　　　2021 年 1 月

西村　幸満

人名索引

アルファベット

Bennett, Andrew　　*62*
Brady, Henry E.　　*62*
Collier, David　　*62*
Geertz, Clifford　　*61*
George, Alexander L.　　*62*
King, Keohane, Verba　　*62*
Kinmonth, Earl H.　　*8*
Knodel, John　　*68*
Peterson, Paul. E.　　*47*
Townsend, Peter. B.　　*77*
Vaughn, Sharon　　*69*

ア　行

阿部彩　　*65*
池田謙一　　*61*
石川義孝　　*20, 41*
石田浩　　*61*
石田光規　　*77, 79*
猪飼周平　　*56*
猪木武徳　　*26*
色川卓男　　*39*
岩田正美　　*8, 49, 91*
遠藤久夫　　*122, 138, 141*
大沢真理　　*11, 12, 30*
太田聰一　　*25, 122*
大竹文雄　　*34, 78*
大森彌　　*52*
大湾秀雄　　*25*
岡村重夫　　*13, 43*
小熊英二　　*141*
落合恵美子　　*39*

カ　行

香川めい　　*122*

春日きよ　　*99*
加藤智章　　*10, 11*
金川めぐみ　　*40, 99*
川喜田二郎　　*80, 101*
神野直彦　　*41, 45, 46*
菊池馨実　　*4, 10, 12, 42, 43, 48, 49, 138*
木村清美　　*99*
黒須里美　　*39*
黒田啓太　　*121*
黒田有志弥　　*42*
黒田俊夫　　*20, 41*
玄田有史　　*25, 122*
小池和男　　*25*
国立社会保障・人口問題研究所　　*77, 82, 94, 114, 115, 133, 138*
小島晴洋　　*26, 28-30*
小林江里香　　*79*
駒村康平　　*26*

サ　行

斎藤修　　*30*
斉藤雅茂　　*34, 75, 77-79*
酒井正　　*99*
佐藤俊樹　　*60*
佐藤博樹　　*5, 11, 61*
里見賢治　　*9*
重川純子　　*8, 9, 99*
下田平裕身　　*59, 144*
下田裕介　　*120, 121*
周燕飛　　*25, 39, 40, 98, 114*
白瀬由美香　　*4, 45, 47, 48*
城山英明　　*64*
鈴木透　　*64, 102*
スマイルズ, サミュエル　　*7*
盛山和夫　　*60, 77*

タ　行

高山憲之　　26
竹内洋　　8
武川正吾　　5, 11, 44, 46
橘木俊詔　　26, 78
玉野和志　　62
樽川典子　　99, 114
辻明子　　121

ナ　行

内閣官房　　5
中田知生　　78
中村隆英　　22
新川達郎　　46
西尾勝　　42
西村幸満　　26, 30, 34, 55, 79, 81, 121, 122, 138, 141
似田貝香門　　9, 45
日本労働社会学会　　144

ハ　行

畑本裕介　　42, 53, 55
浜野潔　　39
林知己夫　　80, 101
原ひろみ　　25

広田照幸　　8
福岡寿　　102
藤田至孝　　26, 28-30
藤森克彦　　78, 94, 100
ベヴァリッジ　　4
細野助博　　64

マ　行

松山薫　　20, 41
真渕勝　　52
宮本太郎　　10-12, 34, 41, 42, 65
森本修馬　　39

ヤ　行

山内昌和　　32
山口一男　　62
山口泰史　　20, 41
山本克也　　121

ラ　行

連合総合生活開発研究所　　121, 140
労働調査研究会　　60

ワ　行

渡辺晃正　　99, 102

事項索引

ア 行

アウトリーチ　*79*
新しい生活様式　*5*
EBPM　*62-64*
医学モデル　*56*
一時生活支援事業　*50*
5つの悪　*4, 6*
因果的推論　*62*
エビデンスに基づいた政策研究　*62*

カ 行

下位システム　*3*
家計相談支援事業　*50*
家族周期　*31*
家族従業者　*20*
家族主義　*41*
課題の領域　*80, 81, 101, 104*
企業保障　*10*
記述的推論　*62*
客観的状態　*77*
共助　*iii, 6, 8-10, 12*
共的領域　*9*
業務目標　*iii*
共鳴　*64*
空白　*9, 41, 43*
契約制度　*44*
ケース・スタディ　*60*
公助　*iii, 6, 8-10, 12*
公的領域　*9*
高齢者の社会的孤立　*77*
高齢男性単身者　*iii*
国立社会保障・人口問題研究所　*82, 104*
互助　*9, 10, 12*
個人保障　*9, 10*
個人保障・企業保障・社会保障　*iii, 6, 9,*
　10, 12, 13
孤独　*77, 78*
子どもの学習支援事業　*50*
雇用者　*20*
雇用社会　*20*
雇用の二極化　*iii, 23*
「雇用保険未満，生活保護超」の稼働年齢
　　層　*49*
孤立　*77*
混合調査法　*60*

サ 行

西国立志編　*8*
最低生活保障　*13*
自営業　*20*
支援ニーズ　*iv, 3*
自助　*iii, 6-10, 12*
自助論　*8*
市町村横並び平等主義　*42*
実施・評価　*64*
質的調査　*iii, 59-62*
質的調査の可能性　*59*
私的領域　*9*
社会科学　*3, 5*
社会生活自立　*49*
社会調査　*iii*
社会的孤立　*76, 78, 79, 100*
社会的孤立研究　*78*
社会的リスク　*3-7, 9*
社会福祉法　*47*
社会保障　*3, 9, 10, 41*
社会保障制度　*4*
社会保障制度改革国民会議　*6*
社会リスク　*iv*
就職氷河期世代　*iii, iv, 5*
住宅確保給付金　*50*

就労支援員　*55*
就労準備支援事業　*50*
就労自立　*49*
主観的状態　*77*
主任相談支援員　*55*
承認　*64*
自立支援計画　*50*
自立相談支援事　*50*
シングル・マザー　*iii, 98, 100, 102, 104*
人生後半　*42*
すき間　*9*
スティグマ　*100*
生活困窮者自立支援法　*41*
生活困窮者自立支援窓口　*iii, iv*
生活支援　*41, 43*
生活／自立モデル　*56*
生活の安定　*3, 4*
生活保障　*ii-iv, 3-6, 8-13, 30, 31, 41-43, 45, 49, 59, 75-100*
生活保障システム　*11*
生活保障の目的　*5*
生活モデル　*56*
成果の領域　*80-82, 101, 102, 105, 107*
政策形成　*64*
政策研究　*59, 63*
税と社会保障の一体改革　*42*
制度の狭間　*12, 56*
1950 年の社会保障制度審議会の勧告　*6*
専業主婦世帯　*35*
相談支援員　*55*
創発　*64*
措置制度　*44*

タ　行

代理機能　*10*
単身化（単独世帯化）　*75, 77*
単身者（単独世帯）　*75*
男性稼ぎ主　*i, ii, 42*
男性稼ぎ主モデル　*11, 30, 31, 35*
男性単身者　*iii*
地域福祉　*44, 45*

地域福祉の主流化　*44*
地方自治体　*41*
地方分権一括法　*47*
中央集権　*46, 49*
中央集権体制　*42*
調査分析　*59*
直系家族　*31*
強い個人　*8, 9*
提供体制　*iii*
定着支援　*76*
手続の領域　*80, 82, 101, 102*
東京一極集中　*20*
統計法　*61*
同行・アウトリーチ　*82*
導入の領域　*80-82, 101, 102, 105, 106*
共働き世帯　*35*

ナ　行

ナショナル・ミニマム　*41, 42, 49*
20 世紀型福祉国家　*42*
二次利用　*61*
日常生活自立　*49*
日本型の福祉国家体制　*42*

ハ　行

狭間　*104*
働く女性単身者　*iii*
伴走型支援　*45, 49, 97*
貧困リスク　*7*
分厚い中間層　*43*
フィールド・ワーク　*60*
夫婦分業体制　*11*
フォーカス・グループ・インタビュー法　*68*
フォーカス・グループ・ディスカッション法　*68*
福祉国家　*46, 49*
福祉国家論　*4*
福祉の磁石　*47*
福利厚生　*26*
ベーシック・インカム　*10*

補完　　*9*
補完（性の）原理　　*13, 46*
本人中心支援　　*102*

マ　行

見える化　　*3*

ヤ　行

要保障要件　　*4, 10*

寄り添い　　*47-49*
寄り添い型の生活支援　　*41, 97*

ラ　行

ラポール　　*62*
リスクの社会化　　*5*
リスクの見える化　　*5*
良好な雇用機会　　*4, 8*
量的調査　　*iii, 59-62*

初出一覧

　本書の元になった論文や書籍原稿の初出は下記の通りである。ただし，本書への収録にあたっては，加筆修正をおこなっている。

第1章
・西村幸満（2009）「生活保障としての働き方と技能形成の変化——雇用と福祉の狭間で」宮島洋・西村周三・京極髙宣編『社会保障と経済1 企業と労働』東京大学出版会，pp. 53-72.

第3章
・西村幸満（2019）「福祉における『生活モデル』と『自立モデル』」平成30年度福祉事務所長研修（国立医療科学院）.
・西村幸満（2018）「自治体窓口における生活支援の提供の現状と今後の課題」公職研『地方自治職員研究』11月号，pp. 16-18.

著者略歴
東京工業大学大学院理工学研究科博士後期課程単位取得退学
現　在　国立社会保障・人口問題研究所 社会保障応用分析研究部 第
　　　　1室長
著　書　『地域で担う生活支援——自治体の役割と連携』（監修，東京
　　　　大学出版会，2018年）
　　　　『希望学 あしたの向こうに——希望の福井，福井の希望』
　　　　（分担執筆，東京大学出版会，2013年）
　　　　『日本社会の生活不安——自助・共助・公助の新たなかたち』
　　　　（分担執筆，慶應義塾大学出版会，2012年）
　　　　『社会保障と経済 1 企業と労働』（分担執筆，東京大学出版
　　　　会，2009年）

生活不安定層のニーズと支援
シングル・ペアレント，単身女性，非正規就業者の実態

2021年1月20日　第1版第1刷発行

　著　者　西　村　幸　満

　発行者　井　村　寿　人

　発行所　株式会社　勁　草　書　房
112-0005 東京都文京区水道2-1-1　振替　00150-2-175253
　　　（編集）電話 03-3815-5277／FAX 03-3814-6968
　　　（営業）電話 03-3814-6861／FAX 03-3814-6854
　　　　　　　　　本文組版 プログレス・理想社・松岳社

©NISHIMURA Yukimitsu　2021

ISBN978-4-326-60332-9　　Printed in Japan

小杉礼子・ 宮本みち子 編著	下層化する女性たち 労働と家庭からの排除と貧困	四六判	2500 円
小杉礼子・ 堀 有喜衣 編著	高校・大学の未就職者への支援	オンデマンド版	2600 円
堀 有喜衣	高校就職指導の社会学 「日本型移行」を再考する	A5判	4000 円
原 ひろみ	職業能力開発の経済分析	A5判	3400 円
石黒 格 編著	変わりゆく日本人のネットワーク ICT 普及期における社会関係の変化	A5判	2800 円
野沢慎司 編・監訳	リーディングス ネットワーク論 家族・コミュニティ・社会関係資本	A5判	3500 円
耳塚寛明ほか 編著	平等の教育社会学 現代教育の診断と処方箋	A5判	2800 円
石田浩・有田伸・ 藤原翔 編著	人生の歩みを追跡する 東大社研パネル調査でみる現代日本社会	A5判	3200 円
石田浩 監修・編	教育とキャリア ［シリーズ 格差の連鎖と若者 1］	A5判	3000 円
石田浩監修 佐藤博樹・石田浩編	出会いと結婚 ［シリーズ 格差の連鎖と若者 2］	A5判	2800 円
石田浩監修 佐藤香編	ライフデザインと希望 ［シリーズ 格差の連鎖と若者 3］	A5判	2800 円
宮本太郎 編著	転げ落ちない社会 困窮と孤立をふせぐ制度戦略	四六判	2500 円
林 明子	生活保護世帯の子どものライフストーリー 貧困の世代的再生産	A5判	3500 円

＊表示価格は 2021 年 1 月現在。消費税は含まれておりません。